즐거운 교실

Here's How To Reach Me:
Matching Introduction to Personality Types in Your Classroom
by Judith A. Pauley, Ph.D., Dianne F. Bradley, Ph.D., and Joseph F. Pauley

아이들과 대화하는 **6**가지 통로

즐거운 교실

주디스 폴리, 조세프 폴리, 다이안 브래들리 지음

오혜경 옮김

마고북스

머리말 |
PCM은 가장 쉽고 실용적인 의사소통 도구다

부모와 교사는 아이들에게 가장 강력한 영향력을 미치면서 아이들의 삶을 형성하고 인도해 준다. 그러므로 이 책의 저자들이 PCM(의사소통 처리모델, Process Communication Model)의 전문가인 동시에 교사이자 부모라는 사실은 참으로 적절해 보인다.

PCM은 20년이 넘는 세월 동안 기업 경영, 세일즈, 육아, 멘토링, 종교, 건강, 교육 분야에서 활용되어 왔다. 내가 개발한 치료과정임상모델(Process Therapy Clinical Model)에서 발달한 PCM은 4개 대륙에 걸쳐 수백 만 명의 삶을 변화시켰으며 그 중에는 대통령, 장군, 상원의원, 우주비행사, 기업체 회장, 대학교수, 교육 행정가, 초 · 중 · 고교 교사, 부모, 학생 등 다양한 사람들이 포함되어 있다. 미국의 한 전직 대통령은 학습과 교수(教授)에 관한 이 모델이 '천재적인 업적'이며 '교육계에 미친 위대한 공헌'이라고 언명했다.

교육자로서 또는 부모로서 우리의 사명은 사람들(우리 자신을 포함해서)의 삶의 질을 뜻 깊은 방향으로 향상시키는 것이다. 이러한 노력이 성공을 거두려면 아이들이 각자에게 가장 잘 맞는 방식으로 배울 수 있도록 도와주어야 한다. PCM을 교육에 적용시키면 교사가 각 학생과 가장 잘 연결될 수 있는 의사소통 패턴을 파악할 수 있고, 각 학생에게 개별적으로 동기부여를 할 수 있으며, 각 학생의 욕구를 이해함으로써 갈등과 문제 행동을 해결하는 방법을 알게 되어 그러한 목표에 도달할 수 있다. 여러 연구결과가 입증하듯이 PCM은 교육 분야에서 가장 중요한 공헌을 할 것이다.

이 책은 독자들을 교육이 이루어지는 실제 현장으로 안내한다. 독자들은 학생과 교사의 관점에서 저마다 다른 여섯 가지 성격유형을 관찰하며 그들이 어떻게 느끼고 어떻게 생각하며 어떻게 행동하는지 생생하게 체험할 것이다. 그리고 아이들이 왜 그런 행동을 하는지, 부모나 교육자로서 그 아이들과 어떻게 연결될 수 있는지, 어떻게 하면 아이들이 타고난 기질을 살려 최선의 모습으로 배우고 자라고 발달할 수 있도록 적절하게 동기부여할 수 있는지를 이해하게 될 것이다.

또 각각의 학생에게 다가가기 위해서 적절하게 조정하고 문제를 예방하는 전략에 더해 교육 현장에서 PCM을 곧바로 활용할 수 있도록 기존의 학습자 중심적인 교수방법들이 통합되어 소개된다. 가장 반가운 소식은 교사가 추가적인 내용을 배울 필요 없이 이 모델을 활용할 수 있다는 사실이다. 우리가 이미 가지고 있는 것들을 활용하기만 하면 된다. 우리에게는 이미 이 모든 성격유형이 다양하게 존재하고 있기 때문이다. 자신의 다양한 부분에 대해서 배우고 개발하면 각 학생의 성격유형과 우리의 그것이 교류할 수 있게 되는 것이다.

나는 우리가 행하는 의사소통 과정의 밑바닥에 있는 구조를 발견하는 행운을 누렸다. 그리고 교육자들이 학생들을 깊이 사랑하며 학생들을 도와주기 위해서 헌신하는 시대에 살게 되어 다행이라고 생각한다.

마지막으로 평생을 교육에 헌신해 온 주디스 폴리와 조세프 폴리, 다이안 브래들리 같은 친구를 만날 수 있어서 축복받았다고 생각하며 이들에게 감사의 마음을 표한다. 수많은 사람들이 이들의 저서를 읽을 것이며 그 영향력은 오랜 세대에 걸쳐서 남을 것이다.

타이비 칼러 박사

(PCM의 창시자이자 개발자, 칼러 커뮤니케이션즈사 대표)

머리말 Ⅱ

PCM은 학생들뿐 아니라
교사의 삶의 질도 향상시킨다

나는 1990년대 초 조세프와 주디스 폴리 부부와 그들의 딸이며 다운증후군을 갖고 있는 세실리아를 만났을 때 PCM을 처음 알게 되었다. 나는 당시 연방정부의 연구비를 받아서 학교 현장에서의 장애아의 권리에 관한 문제를 연구하고 있었는데 나의 관심사를 잘 아는 친구를 통해 그들 부부가 내게 자신들의 문제를 의뢰해 온 이후로 서로 가까워지게 되었다. 당시 그들 부부는 메릴랜드 주에서, 그리고 나는 버몬트 주에서 일하고 있었다. 버몬트 주는 장애 청소년을 일반교육에 통합시키는 문제에서 가장 진보적인 주라는 평판을 받고 있었다.

몇 차례의 전화 통화 후에 폴리 가족과 나는 직접 만났다. 그 후 수년간 우리는 리처드 빌라, 다이안 브래들리와 긴밀하게 협력하면서 세실리아가 일반 고등학교의 정규 수업과 과외활동에 완전히 통합되어 수업을 받을 수 있도록 노력했다. 그 결과 세실리아는 학교 대표 풋볼 팀의 치어리더, 합창단, 스페인어 클럽 등에서 활발하게 활동할 수 있었다. 세실리아는 1996년에 동급생들과 함께 졸업했으며 지역사회와 대학, 직장 어느 곳에서든 즐겁게 일하며 많은 기여를 하고 있다. 그녀는 통합교육을 다룬 중요한 저서에 자신의 성공을 다룬 한 장을 쓰기도 했다. 세실리아는 다운증후군이 있으며 공교롭게도 나와 동일한 기본 성격유형(뒤에서 소개하는 여섯 가지 성격유형에 따르면 우리는 반항형이다)을 가지고 있었다. 그래서 우리는 즐거움을 사랑하는 모든 반항형 인간들처럼 쉽사리, 또 재미있게 연결될 수 있었다.

우리의 우정이 자라고 있던 초기에 나는 PCM의 개념과 작용과정을 알게 되었다. 나는 학교에서 실패할 위험이 있는 학생들에게 PCM을 적용하는 새로운 움직임에 관해서 조세프와 주디스에게 연수를 받았다. 나는 초·중·고교에서 대학 그리고 그 이상에 이르기까지 광범위한 교육 분야에서 교사와 학생, 교육자와 교육자, 행정가와 교육자, 행정가와 지역사회 간의 관계를 변화시킬 수 있는 PCM의 잠재력을 즉시 알아볼 수 있었다.

버몬트대학에서 재직하던 마지막 몇 년간 감사하게도 폴리 가족은 특수교육 석사과정을 마친 학생들을 대상으로 하는 특별 프로그램에 속해 있는 내 학생들과 교육대학의 교수들을 위해서 버몬트를 자주 방문했다. 그들의 지도로 우리는 오해와 갈등의 소지를 최소화하고 학생의 성공을 극대화하기 위해서 PCM을 창의적으로 변형시킨, 교육자들을 위한 실행 모델을 배웠다.

1996년 이후 나는 캘리포니아에서 가르치며 지내고 있다. 이곳에서 나는 이 분야에 처음 발을 들여 놓는 특수교육 교사뿐만 아니라 석사 수준의 경력 있는 특수교육 전문가들을 가르치고 있다. 버몬트에서 내 프로그램에 참가한 학생들을 변화시켰던 PCM 교육을 이 캠퍼스에도 도입하는 것이 내 목표가 되었다.

내 목표를 이루는 데 유용한 도구가 되어 줄 이 책의 출간을 나는 오랫동안 기다려 왔다. 나는 이 책을 우리 교육대학의 고급 리더십 과정과 특수교육의 실무 영역에서 선택과목으로 PCM을 가르칠 때 사용할 것이다. 내가 가르치는 특수교육 교사들이 이제는 잘 정리된 이 책의 내용을 통해서 PCM의 도구들을 쉽게 접할 수 있게 되어 무척 기쁘다.

교사들이 PCM을 활용하면 많은 성과를 거둘 수 있다. 특히 특수교육 교사들에게는 이 지식과 기술이 필요하다. 그러한 교사들이야말로 학생들이 오해와 스트레스를 겪을 때 의지하게 되는 사람들이기 때문이다. 이러한 학생들은 규칙을 어기는 언행으로 자신의 스트레스를 표현하고는 누군가가 신속하게 개입해서 사태를 제자리로 돌려놓기를 바란다. 이 책에서 소개되는 PCM을 통해 의사소통과 지각에 관한 통찰을 얻게 되면 특수교육 교사들은 스트레스를 받고 있는 학생들을 돕기 위해서 소중한 조정도구들을 활용할 수 있게 될 것이다.

교육자, 어려움을 겪고 있는 청소년, 또는 심리적인 행복상태에 이르고자 하는 모든 사람들에게 PCM을 활용하자고 강력하게 권하는 까닭은 PCM이 기적을 일으키는 것을 여러 번 목격했기 때문이다. 나 자신부터 스스로의 사생활이나 직장에서 잠재적인 위기들을 해소하는 데 PCM을 활용해 왔으며 다른 사람들도 비슷한 성공을 거두는 모습을 보아 왔다. 버몬트에서 조세프와 주디스에게 PCM 연수를 받았던 학생과 동료들이 다른 사람들과의 사이에서 위기상황이 발생했을 때 배운 내용을 기억해 내서 적용했더니 문제가 해결되더라고 이메일, 전화, 편지를 통해 지속적으로 알려 온다.

나 스스로도 PCM 덕분에 좀 더 나은 교사가 되었다. 이제는 학생들이 스트레스를 표현하는 방식과 그들이 '지하실로 내려간 상태에서' (책을 읽다 보면 이 표현이 무슨 뜻인지 알게 된다) 세상을 경험하고 반응하는 방식을 보며 그들이 틀렸다고 판단하지 않는다. 대신 그들이 내 말을 '듣게' 만들고, 내가 이해하고 있으며, 편안함을 되찾아 주기 위해서 노력할 마음이 있음을 알게 해 주기 위해 성격에 기초한 언어와 보디 랭귀지를 사용하려고 노력한다. 나는 다른 사람들의 욕구에 귀 기울이는 방법을 알고 있으며 학생의 기본 성격유형과 현재 처해 있는 단계에 맞춰서 말을 걸 수 있도록 적절한 동사를 구사할 줄도 안다. 예를 들어, 나는 기본 성격유형이 끈기형인 사람은 '믿는다' 와 같이 강력한 가치 판단을 표현하는 동사를 사용하고 또 반응한다는 사실을 안다. 또한 일 중독형이 기본 성격유형인 사람은 '생각하다' 또는 '알다' 와 같은 동사에 반응한다. 반면 이러한 동사들은 기본 성격유형이 반응형인 사람들에게는 부정적인 효과를 가져온다. 그들에게는 '느낌' 과 관련된 동사를 사용해야 한다. 나는 또한 대부분의 성격유형에게는 지시하는 것보다 요청하는 것이 더 효과적임을 배웠다. 그러나 선동형과 몽상형은 예외여서, 그들은 직접적인 지시를 좋아한다.

이쯤에서 나는 이 책에 엄청나게 복잡하고 지나치게 농축된 지식이 들어 있어서 그걸 사생활이나 직장에서의 의사소통에 체계적으로 적용시키고 활용하는 것은 너무나 어려울 것이라고 당신이 '믿거나', '생각하거나', '느끼고' 있을지도 모르겠다고 의심해 본다. 이 책이 많은 양의 정보를 담고 있다는 사실은 인정하지만 일단 당신이 이해하기 시작하면 이치에 아주 잘 들어맞는다는 점은 보장해 줄 수 있다. 저자들은 다양한 예시와 분명하고 간단한 계획 그리고 조정도구를 동원해서 독자들에게 지식을 생생하게 전달해 준다. 저자들의 의도는 독자들이 배운 것을 당장 적용할 수 있게 해서 즉각적이고 때로는 놀라운 결과를 체험할 수 있게 해 주자는 것이다. 다른 모든 인생사처럼 이 일도 연습할수록 더 잘할 수 있게 된다.

마치면서, 아니 여러분에게 PCM으로 들어가는 문을 열어 주면서 한 가지 덧붙이고 싶다. 바로 PCM을 지속적으로 연구하고 실천함으로써 나 자신의 삶의 질이 얼마나 바람직하게 변화되었는지에 대한 이야기이다.

다른 사람들은 나를 명랑하고 쾌활한 사람이라고 여긴다. 나는 언제나 즐거움과 모험과 재미있는 관계, 창의적인 사고, 행동의 기회를 찾는 사람이다. 다시 말해서 반항형 성격유형의 많은 부분이 내가 세상을 보고 관계 맺고 반응하는 방식을 좌우한다. 하지만 우리 아버지, 남편, 오빠처럼 내 인생에서 중요한 남자들이나 어머니, 딸 같이 중요한 여자들은 아무도 반항형을 기본 성격으로 가지고 있지 않다. 따라서 나는 삶 속에서 많은 시간을 그 사람들이 사고하고 말하는 방식을 이해하지 못하거나 때로는 분노를 느끼며 지냈다. 내게는 그들이 말하는 모든 내용이 오로지 옳고 그름, 선과 악에 관한 것으로만 비쳐졌고 그럴 때마다 미칠 것 같았다. 반항형의 성격을 가진 나는 그런 언행이 매우 독단적이라고 생각했다. 하지만 PCM을 연구하면서부터 내가 끈기형인 사람들의 기본 성격유형을 이해하지 못했다는 사실을 깨닫게 되었다. 당신도 알게 되겠지만 끈기형은 강한 가치관에 근거해서 세상을 체험하고 표현해야만 한다. PCM의 성격유형을 공부하면서 얻게 된 이러한 깨달음은 내 귀를 열어 주었다. 나는 그런 말들이 실은 세상을 올바르게 바꾸고 싶다는 신념을 가진, 헌신적이고 도덕적인 사람들의 말이라는 사실을 깨닫게 되었다!

대학 교수와 교육 컨설턴트로 일하면서 만나게 되는 무수히 많은 사람들과 가족들과의 관계를 파악하는 데 PCM의 도움을 받을 수 있게 되자 내 삶은 훨씬 즐겁고 이해하기 쉬워졌다. 그러므로 이제 여러분도 연구를 시작해야 한다. 열심히 배우고 이 책이 보여 주는 가르침을 즐겁게 활용하기 바란다. 그 가르침들은 여러분과 여러분이 사랑하는 사람들의 삶을 변화시키고 풍부하게 해 줄 수 있는 잠재력을 가지고 있다.

재클린 사우전드 박사
(산마르코스캘리포니아주립대학 교육대학)

즐거운 교실

차례

머리말 Ⅰ_ PCM은 가장 쉽고 실용적인 의사소통 도구다 • 5

머리말 Ⅱ_ PCM은 학생들뿐 아니라 교사의 삶의 질도 향상시킨다 • 8

chapter **01**_ PCM이란 무엇인가? **17**
여섯 가지 성격유형 • 20 성격의 구조 • 24 성격유형별 지각과정 • 34
성격유형별 언어 사용 • 38 성격유형별 욕구 • 42 의사소통 채널 • 46
성격유형별 차이에 대한 인정 • 48 요약 • 51

chapter **02**_ 반응형 **53**
개인적인 관심과 인정 그리고 감각적인 만족을 원하는 사람

chapter **03**_ 일중독형 **65**
성취에 대한 인정과 짜임새 있는 스케줄을 원하는 사람

chapter **04**_ 끈기형 **77**
성취에 대한 인정과 신념의 존중을 원하는 사람

chapter **05**_ 몽상형 **89**
명확한 지시와 고독을 원하는 사람

chapter **06**_ 반항형 **105**
재미있는 인간관계와 즐거움을 원하는 사람

chapter **07** _ 선동형 **121**

　　도전과 자극 그리고 즉각적인 보상을 원하는 사람

chapter **08** _ PCM과 기존 학습이론의 통합방법 **137**

　　다중지능이론 • 138　학습양식이론 • 142　두뇌에 근거한 학습 • 146
　　협동학습 • 148　또래교수 • 151　요약 • 153

chapter **09** _ 학생들을 스트레스에서 구하는 방법 **155**

　　반응형 • 160　일중독형 • 163　끈기형 • 166
　　몽상형 • 170　반항형 • 174　선동형 • 177　요약 • 182

chapter **10** _ PCM의 활용을 보완하는 교육 도구 **183**

　　수업계획질문 • 185　학생조정계획 • 197　행동기능평가 • 205
　　학생의 성격유형에 따른 101가지 칭찬 표현 • 211　요약 • 213

chapter **11** _ 교사 자신의 스트레스 해소방법 **215**

　　교사들의 스트레스 요인 • 216
　　성격 구조의 단계별 스트레스 행동과 해소방법 • 220　요약 • 244

PCM이란 무엇인가?

PCM(의사소통처리모델) 교실에 들어온 것을 환영한다! 여러분은 이제 30여 명의 제각기 다른 학생들을 상대로 곡예사가 되어야 한다. 그 아이들 모두에게 성공적으로 다가가려면 어떻게 해야 할까? 아이들의 흥미와 배우려는 열정을 유지시켜 주기 위해 무엇을 해야 할까? 많은 교사들이 PCM이 학생들에게 개별적으로 다가가서 의욕을 북돋워 주는 데 매우 유용한 개념이라는 사실을 체험했다. 그러나 어떤 교사들은 PCM이라는 말을 들어 본 적도 없다. 이 책은 이처럼 이미 PCM을 체험해 보았거나 그렇지 않은 두 그룹 모두를 위한 것이다.

　　PCM이란 무엇이며 그것을 활용해서 어떻게 서로 다른 요구와 성격 유형을 가진 아이들에게 접근할 수 있을까? PCM은 아칸소 주 리틀락의 임상심리학자인 타이비 칼러 박사가 개발한 강력한 의사소통 도구다. 간단하게 말하면 PCM은 의사소통을 원하는 사람이 상대방의 준거 틀(개인 또는 집단이 자신들이 경험하고 지각한 것에 의미를 부여하고 체계화하기 위해서 활용하는 범주의 집합-옮긴이)에 맞춤으로써 그 사람과 원활하게 소통하고 동기를 부여할 수 있는 방법을 제시해 준다.

이러한 준거틀을 분류하기 위해서 칼러 박사는 개인이 세상을 받아들이는 지각과정(즉, 개인이 어떻게 정보를 받아들여서 처리하는가)에 근거하여 여섯 가지의 성격유형을 밝혀내고, 사람마다 자신의 성격유형에 따라서 다른 방식으로 소통하기를 원한다는 사실을 발견했다. 그리고 그는 효율적으로 소통하기 위해서 상대방이 선호하는 '언어'로 말하는 방법을 배우라고 제안한다. 그의 연구결과들은 그렇게 했을 때 자신의 메시지를 상대방이 '듣고' 그 메시지에 따르게 될 가능성이 상당히 높아짐을 보여 준다. 칼러 박사는 이러한 현상을 외국 여행 중인 사람에 비유한다. 만약 여행지의 주민들이 여행자의 언어를 사용하지 않는다면 여행자는 자신의 의사를 전달하기 위해서 여행지의 언어를 사용해야 한다.

칼러 박사는 또한 사람들의 성격유형에 따라서 여섯 가지의 다른 '언어'와 동기가 부여되는 여섯 가지 방식을 밝혀냈다. 나아가 그는 사람들이 원하는 바를 긍정적으로 충족시키지 못했을 때 보이는 스트레스 행동도 유형별로 예측할 만한 패턴을 나타낸다는 사실을 발견했다.

PCM 연구에 따르면 모든 사람들은 여섯 가지 성격유형 중 하나로 분류될 수 있다. 이러한 유형들은 어떤 것이 더 좋거나 더 나쁘다고 할 수는 없으며, 다만 고유한 장점과 단점을 가지고 있을 뿐이다. 단점은 욕구를 긍정적으로 충족시키지 못해서 스트레스를 받을 때 종종 나타난다. 스트레스를 받을 때는 명료하게 사고할 수 없다. 그럴 때는 감정을 숨기고 부정적인 행동을 보이게 되는데 이러한 행동은 어느 정도 예상이 가능하다. 부정적인 행동을 할 때는 대체로 오해가 생기게 된다. 이 책은 그러한 행동이 나타났을 때 교사가 적절하게 개입할 수 있는 방법, 더 나아가서 그러한 행동을 미연에 방지할 수 있는 방법을 보여 주는 데 초점을 맞추었다.

여섯 가지 성격유형

칼러 박사가 밝혀낸 여섯 가지 성격유형은 다음과 같다.

- **반응형**
- **일중독형**
- **끈기형**
- **몽상형**
- **반항형**
- **선동형**

각각의 유형이 지니는 특성과 지각방식은 표 1.1에, 북미 인구 중에서 각 유형이 차지하는 비율은 그림 1.1에 소개한다.

우선 반응형을 살펴보자. 반응형은 따뜻하고 동정심이 많으며 섬세한 사람들이다. 그들은 자신의 감정을 통해서 세상을 지각한다. 그들은 사람이나 장소, 사물을 대할 때 우선 느끼기 시작하며 다른 사람과 그 느낌을 나누고 싶어 한다. 그들은 탁월한 대인관계 기술을 가지고 있으며 다른 사람을 잘 보살펴 준다. 사람들을 좋아하며 상대방도 자신에게 호감을 가지기를 원한다. 사실 이런 사람들은 자신이 어떤 일을 했기 때문에 좋아한다는 말보다는 자신을 인간 자체로 좋아한다는 말을 더 들고 싶어 한다. 동정심은 이들의 자산이다. 그래서 반응형 성격을 가진 사람들 중 초등학교 교사나 특수교육 교사가 되는 경우가 많다.

표 1.1_여섯 가지 성격유형의 특성과 지각방식

성격유형	장점이 되는 특성	지각방식
반응형	풍부한 동정심, 섬세함, 따뜻함	감성
일중독형	투철한 책임감, 논리적, 조직적	사고
끈기형	성실함, 헌신, 원칙 준수	의견
몽상형	풍부한 상상력, 사려 깊음, 침착함	성찰(행동하지 않음)
반항형	창의성, 자발성, 쾌활함	반응
선동형	수완이 좋음, 뛰어난 적응력, 매력적임	행동

그림 1.1_북미 인구에서 각 성격유형이 차지하는 비율

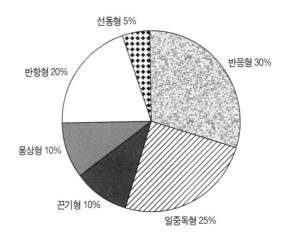

다음으로, 일중독형은 책임감이 강하고 논리적이며 조직적이다. 그들은 생각을 통해서 세상을 지각한다. 사실에 높은 가치를 두며 사람이나 사물을 식별하고 범주화시키면서 세상을 보게 된다. 그들은 사람들이 자신과 함께 사고하기를 원한다. 그들은 정보 지향적이기 때문에 충분한 정보만 얻을 수 있다면 모든 문제가 해결될 수 있다고 믿는다. 일중독형은 대안 논의를 좋아한다. 그리고 자신이 명료하게 사고하고 좋은 아이디어를 제시하며 일을 잘하기 때문에 사람들이 자신을 존중한다는 말을 듣고 싶어 한다. 논리는 이들의 자산이다. 상당수의 중·고등학교 교사들이 일중독형이다.

끈기형은 성실하며 헌신적이고 원칙을 준수하는 사람들이다. 그들은 자신의 의견을 통해서 세상을 지각한다. 따라서 그들은 사람이나 사물에 관한 정보를 받아들이는 즉시 자신의 의견을 만들어 낸다. 그리고 일단 의견이 형성되면 그 의견을 바꾸는 게 매우 어렵다. 그들은 충성심, 가치, 규범 등에 헌신하며 다른 사람들이 성공하도록 돕는 것을 자신의 사명으로 받아들인다. 그들은 자신의 헌신과 참여가 존중되기만 한다면 다른 사람들이 자신을 좋아하는지의 여부에는 별로 관심을 두지 않는다. 그들은 모든 사람이 자신의 잠재력을 최대한 발휘하기를 원하는데 그러한 성향 때문에 끈기형들 중 많은 사람이 교사가 된다. 가치는 이들의 자산이다. 많은 중·고등학교 교사들이 끈기형이다.

몽상형은 사려 깊고 상상력이 풍부하며 침착하다. 그들은 다른 성격 유형의 사람들과 다른 방식으로 사물을 개념화한다. 그들은 다른 사람이 자신에게서 기대하는 바가 무엇인지 듣고 난 후에 그 지시를 이행할 수 있도록 혼자 남겨지는 것을 선호한다. 그들은 심사숙고해서 정보를 받아들인다. 다시 말하자면, 그들이 주어진 정보를 이해했더라도 그것에 대해서 다시 성찰하며, 분명하고 간결한 지시가 주어지지 않는 한 선뜻 행동에 옮기지 않는다는 뜻이다. 그들은 지시를 중요하게 여기고 어떤 일에 몰두하면 다른 일을 하라고 지시하지 않는 한 하던 일을 계속하려는 경향이 있다. 상상력은 이들의 자산이다. 몽상형 중 교사가 되는 사람도 있지만 그렇게 많지는 않다.

반항형은 자발적이며 창의적이고 쾌활하고 재미있는 사람들이다. 그들은 즐겁게 지내고 싶어 한다. 그들은 세상을 호불호(好不好)라는 반응을 통해서 지각한다. 그들은 활기가 넘치며 미술이나 음악에 재능이 있을 수도 있다. 실은 음악, 미술, 체육, 컴퓨터나 교과목 외의 활동에서 도움을 받아 학교생활을 해 나간다. 그들은 자발성과 창의성을 중요시한다. 유머는 이들의 자산이다. 반항형 중 교사가 되는 사람도 있지만 매우 드물다.

마지막으로, 선동형은 수완이 좋고 매력적이며 적응력이 뛰어나다. 그들은 각종 상황을 체험하고 일을 벌이면서 세상을 지각한다. 그들은 적응력과 자주성을 중요시하며 삶 속에서 짜릿함을 맛보고 싶어 한다. 매력은 이들의 자산이다. 그들은 매우 직선적이고 행동 지향적이며 신속한 보상을 받을 때 더욱 발전한다. 또 지금 당장 행동하고 싶어 하고 끝장을 보아야 직성이 풀린다. 그들은 오늘, 이번 주, 아니면 이번 달에 즉시 보상받기를 원한다. 선동형 학생들이 채점 기간에 점수가 나올 때까지 기다리거나 스티커나 자유시간을 상으로 받기 위해 일주일을 기다리는 일은 있을 수 없다. 선동형 중 교사가 되는 사람은 거의 없다.

성격의 구조

PCM이 어떻게 의사소통 도구로 활용될 수 있는지 설명하기 전에 성격 유형의 두 가지 측면에 대해서 먼저 이야기하겠다.

성격마다 다른 언어

첫째는 사람마다 이러한 여섯 유형 중 어느 하나의 유형이 현저하게 드러나지만 나머지 유형도 그 사람 안에 다양하게 섞여서 자리 잡고 있다는 것이다. 이러한 개념을 이해하기 위해서 6층짜리 아파트를 상상해 보자. 이론가들은 사람의 기본 성격은 이미 형성된 채 태어난다고 주장한다. 그러나 사람의 성격 구조 내에 존재하는 나머지 성격유형들이 배열되는 순서는 환경적인 요인에 따라 결정된다. 이러한 배열은 대체로 약 6~7세 때까지 진행되며 그 시기가 지나면 순서는 일생 동안 변하지 않게 된다.

사람마다 자신의 성격 구조 안에 이 여섯 가지 특성들을 모두 가지고 있기 때문에 누구나 이 여섯 유형이 사용하는 언어를 구사할 수 있는 잠재력을 가지고 있다. 이 언어들은 각 성격유형의 사람이 정보를 받아들여서 처리하는 과정에 따라 서로 다르다.(뒤에 소개하는 '성격유형별 지각과정' 부분에서 보다 상세히 다루게 될 것이다) 그런데 우리 모두 한두 가지 언어는 유창하게 말하지만 다른 언어는 그다지 능숙하게 구사하지 못한다. 각 특성의 발달 정도가 고르지 않기 때문이다. 따라서 자신에게 덜 발달되어 있는 성격유형을 가진 상대방이 선호하는 언어를 구사하려면 보다 많은 노력이 필요하다.

여기에서 학생에게 잘 발달되어 있는 특성이 교사와 맞아떨어진다면 학교생활이 순조로우리라는 것은 쉽게 이해할 수 있을 것이다. 예를 들어 보자. 그림 1.2에 나타난 교사의 기본 성격은 끈기형이다. 이 교사는

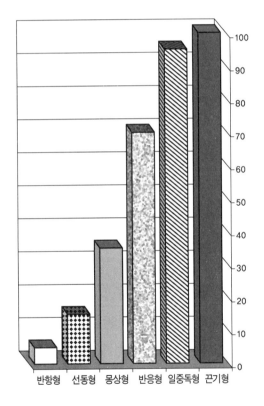

그림 1.2_전형적인 중학교 교사의 성격 구조

2층에 잘 발달된 일중독형이 자리 잡고 있으며 반응형도 상당히 잘 발달되어 3층에 위치하고 있다. 몽상형은 그저 그렇게 4층에, 선동형은 상당히 발달되지 못한 상태로 5층에 그리고 반항형은 몹시 발달되지 못한 상태로 6층에 위치하고 있다. 이러한 성격 구조를 가진 교사는 끈기형과 일중독형 학생들을 매우 효과적으로 지도할 수 있으며 반응형 학생도 어느 정도 잘 다룰 수 있다. 그러나 몽상형, 선동형, 반항형 학생들

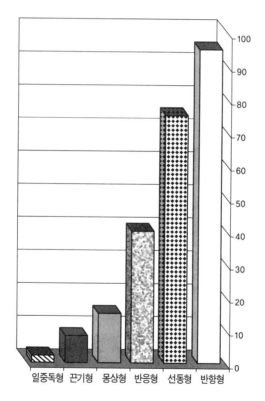

그림 1.3_반항형 학생의 성격 구조

이 구사하는 언어를 배우지 않는 한 이런 유형의 학생들을 효율적으로 지도하기는 어려울 것이다.

한편 그림 1.3으로 표현된 성격 구조를 가진 반항형 학생은 그림 1.2 유형의 교사가 담당하는 학급에 속했을 때 문제를 일으킬 위험이 있다. 이 사태는 누구의 잘못도 아니다. 그림 1.2 유형의 교사는 그림 1.3 유형의 학생이 구사하는 언어를 사용할 줄 모르고, 마찬가지로 그림 1.3 유형의 학생은 그림 1.2 유형의 교사가 구사하는 언어를 사용할 줄 모른다. 결국 양측은 상대방이 말하는 내용을 듣지 못하여 토론이나 학습이 제대로 진행되지 않는다. 이런 경우 학생들에게는 종종 부주의하고 정서적인 문제가 있으며 말썽을 피우는 학생이라는 꼬리표가 붙게 된다(그것이 잘못된 꼬리표일 때도 많다).

학생이 교사가 말하는 내용을 '들을 수 없다면' 학습이 제대로 이루어지지 못할 것은 불을 보듯 뻔하지만 우리는 종종 이 점을 간과한다. 교사가 학생이 사용하는 언어로 말해 주지 않으면 학생들은 '듣지' 못한다.

다른 예를 하나 더 살펴보자. 그림 1.4는 전형적인 초등학교 교사의 성격 구조를 보여 준다. 이 교사는 기본 성격이 반응형이며 2층에 잘 발달된 일중독형, 3층에 상당히 발달된 끈기형 특성이 자리 잡고 있다. 이 교사에게 몽상형은 그다지 발달되지 못한 채 4층에, 선동형은 5층, 반항형은 몹시 발달되지 못한 상태로 6층에 자리 잡고 있다. 이러한 특성을 지닌 교사는 반응형과 일중독형 학생들을 잘 가르치고 끈기형도 어느 정도 잘 가르칠 수 있지만 반항형, 선동형, 몽상형 학생들을 가르칠 때는 어려움을 겪을 것이다. 그림 1.3의 성격 구조를 가진 학생은 이런

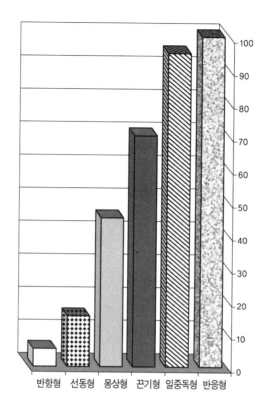

그림 1.4_전형적인 초등학교 교사의 성격 구조

교사의 교실에서도 문제를 일으킬 위험이 높다. 다시 한 번 말하지만 이 것은 누구의 잘못도 아니다. 교사와 학생 모두 최선을 다하고 있는 것이 다. 그러나 좋은 소식이 있으니, 교사가 학생의 언어를 배우면 학생들 이 학습을 잘하게 된다는 사실이다.

단계의 변화

다음으로, 성격유형의 구조를 이해할 때 단계의 개념을 이해하는 것이 유용하다. 미국인 중 3분의 2가 살면서 '단계의 변화'를 겪는다. 이렇게 단계가 변화할 때 사람들은 자신의 성격 구조의 다음 층으로 이동하게 되며 새로운 동기에 따라 행동하게 된다. 단계가 변화하는 동안 사람들은 자신의 현재 성격유형에서 표출될 수 있는 부정적인 행동들을 많이 한다. 그리고 단계 변화가 완료되면 새로운 동기를 갖게 되며 새로운 양상의 부정적인 행동들을 보이게 된다. 이렇게 도달한 새로운 단계는 2년에서 평생에 걸쳐 지속된다.

단계 변화는 이혼, 극도의 피로, 중년의 위기 같은 인생의 고비가 원인이 되기도 한다. 하지만 사람들이 단계의 변화를 겪을 때 이전 단계에 속해 있던 긍정적인 태도가 유지되는 경우가 많으며 성격 또한 거의 변하지 않는다. 그 사람의 독특한 장점과 특별히 선호하는 상호작용 방식 같은 것들은 언제나 남아 있다. 그 사람이 가장 선호하는 의사소통 채널과 특유의 성격에서 가장 잘 발달된 부분도 그대로 남아 있다. 선호하는 학습방법, 세상을 지각하는 방식, 일하는 스타일도 남아 있다. 단계라는 개념은 개인의 직업, 목표 같은 것이 변화하면서도 어떻게 평생을 동일한 사람으로 남아 있는지 이해하는 데 도움이 된다. 단계의 변화를 겪는 사람은 동기의 변화도 겪게 되며 스트레스를 처리하는 방식도 변하게 된다. 다음의 이야기는 한 교사의 삶에서 일어난 단계의 변화와 그것이 미치는 영향을 보여 준다.

교사의 이야기

나는 끈기형 인간으로 태어났다(34쪽 그림 1.5 참조). 세상이 호락호락한 곳이 아니라는 사실을 일찍 깨달은 나는 목표의식과 사명감, 신념을 길렀고, 열심히 일하고 이상에 헌신하고 싶다는 동기에 따라 행동했다. 가치, 신념, 헌신, 전념, 존경, 공동체, 봉사 등이 내게는 중요했다. 나는 보이스카우트였으며 성당의 복사였고 학교 순찰대에도 참여했다. 이상에 헌신하는 것은 내 삶에서 끊임없이 이어져 온 주제였다.

내가 열 살 때 아버지가 허리를 다쳐서 평생 장애를 지니고 살게 되었다. 가족의 수입원이 끊어진 상태에서 나는 가족을 부양하는 것이 내 책임이라고 받아들였다. 그래서 나는 잔디 깎기, 눈 치우기, 신문 배달 같은 일들을 했다. 끈기형의 사람들은 성실하다. 나는 가족을 부양할 만큼 충분한 돈을 벌지 못할까 봐 밤에 잠 못 이루던 시간들을 기억한다. 그렇게 괴로운 시간을 보내면서 다른 사람들이 헌신적이지 않고 일에 전념하지 않는다고 비판하기 시작했다. 그러다가 마침내 나는 자신의 두려움을 극복하고 내 성격의 다음 층인 일중독형으로 옮겨 가기 시작했다. 그리고 단계의 변화가 완료되었다. 나는 기본적으로는 여전히 끈기형이었지만 이제는 일중독형 성격의 사람처럼 활동하고 있었다.

일중독형 단계에서 나는 좀 더 책임감 있고 논리적이며 조직적으로 변해 갔다. 나는 변함없이 성실하고 헌신적이었으며 내가 믿는 바를 위해서 열심히 일했다. 나는 여전히 내가 한 일로 인정받고 싶다는 동기에서 일했다. 그러나 또 다른 자극제인 시간이 나를 몰아가기 시작했다. 갑자기 나는 모든 과업에서 시간을 지켜야 한다는 생각에 집착하게 되었다. 나는 지각하거나 과제를 늦게 제출하는 것을 혐오했다. 이 시기에 나는 수학에서 두각을 나타내기 시작했으며 전국 단위 평가에서 상위 1퍼센트의 점수를 얻었다. 이 일로 나는 전국적인 관심을 받기도 했으며 대학에서 수학을 전공하게 되었다.

몇 년간 일중독형 단계에서 지내다가 내 생각대로 삶이 흘러가지 않자 우울해지기 시작했다. 내가 그렇게 열심히 일하는데도 우리는 여전히 가난했다. 아버지의 건강은 악화되기만 했고 어머니도 연이어서 사고를 당하거나 수술을 받았다. 나는 다른 사람들이 명확하게 사고하지 않고 열심히 일하지 않는다고 비판하기 시작했다. 마침내 나는 우울증을 극복하면서 내 성격의 다음 층으로 옮겨 갔다. 나의 반항형 단계가 시작된 것이다.

대단한 변화였다! 나는 삶에서 이제껏 몰랐던 재미를 느끼기 시작했다. 그 시절 나는 반항적인 행동 때문에 대학에서 쫓겨나기도 했다. 그 후 집 근처에 있는 사범대학에 수학 전공으로 들어갔다. 그런데 여전히 수학을 잘하기는 했지만 수학의 논리는 더 이상 나를 매혹하지 못했다. 나는 대학 축구 팀에 관심을 갖게 되었으며 학기가 시작하고 일주일쯤 지나자 화학과 물리 수업이 축구 연습에 방해가 된다는 생각이 들었다. 축구에 집중하기 위해 전공을 바꾸는 게 좋겠다고 판단한 나는 하룻밤 사이에 영문학 전공자가 되었다.

내가 지닌 끈기형과 일중독형의 장점 덕분에 나는 언어의 구조를 잘 이해했고 문법적인 배경도 탄탄했다. 고등학교 때 작문 실력을 기르기 위해서 아주 열심히 공부했기 때문에 작문도 잘했다. 시 쓰는 것도 좋아했고 연극을 하거나 노래를 부르는 것도 좋아했다. 또 아이들에게 연극과 시를 좋아할 수 있도록 가르치는 일이 재미있겠다고 생각했다. 4년간 영문학 전공자로 대학생활을 하면서 나는 학교 신문에 기고하기도 했고 연극 동아리에서 연극과 뮤지컬에 참여하기도 했다. 그리고 축구, 농구, 야구 팀에서도 활동했다. 나는 추진력을 갖고 있었기 때문에 4학년 때는 교지 편집장과 축구 팀 주장을 맡았다. 대학생활은 즐거웠다.

졸업 후 나는 집에서 좀 떨어진 동네의 중학교에 취직해서 영어를 가르치고 운동부를 지도했다. 영어를 가르치는 것이 좋았고 아이들과 지내는 것이 즐거웠다. 수업시간에 학생들의 흥미를 유발하기 위해서 여러 가지 재미있는 활동을 했다. 우리가 배우는 내용을 연극으로 꾸며 보기도 했고 시, 노래, 짧은 이야기들을 지어 보게도 했다. 어떤 학생이나 팀이 내 질문에 제일 먼저 정확한 답을 하는지 퀴즈나 릴레이 경주를 하는 식으로 진행해 보기도 했다.

학생들의 주의를 사로잡기 위해서 때로는 주머니에서 동전을 꺼내 엄지손가락 위에 놓고 동전을 뒤집어 가며 질문을 던졌다. 내가 던진 질문 중 하나는 '오백 원짜리 질문'이었는데 그 질문에 정확하게 답한 학생에게는 동전을 주었다. 학생들은 어떤 질문이 중요한지 모르기 때문에 수업시간 내내 정신을 차리고 있어야 했다. 토미라는 남학생은 익살꾼이었으며 언제나 말썽을 부렸다. 다른 학생들은 토미가 내 수업시간에 대답하는 것을 보기 전까지는 그 아이가 얼마나 똑똑한지 알지 못했다. 그 아이는 퀴즈시간에 무척 활기 있었으며 종종 오백 원짜리 질문을 정확하게 맞춰서 동전을 얻곤 했다. 학생들에게 활기를 불어넣어 준 것은 동전의 화폐가치만은 아니었다. 오히려 상이나 보상을 얻기 위한 경쟁심이 동력이었다. 머지않아 교장은 말썽꾸러기나 학습이 뒤처지는 학생들을 내 학급에 배정하기 시작했다. 어떤 이유에서든 그 아이들은 내 교실에 들어온 후에는 잘했다.

나는 거의 15년간 반항형 단계에 머물러 있었다. 그즈음 아내와 나는 다운

증후군을 가진 딸을 얻었다. 아이가 태어난 후 나는 동정심과 자상함과 따뜻한 성품을 키우기 시작했고 사람이나 사물에 대해 느끼기 시작했다. 반항형 단계의 나는 내 방식으로 일했고 제약이나 지시를 받으면 몹시 화가 났다. 내가 원하는 방식으로 가르치도록 내버려 두기만 한다면 다른 사람들이 나에 대해 어떻게 생각하든 상관하지 않았다.

그러나 갑자기 이 모든 것이 변했다. 나는 또 한 번의 단계 변화를 겪은 것이다. 이제 나는 딸을 돌보고 보호하고 그 아이가 자신의 모든 역량을 발휘할 수 있도록 도와주고 싶다. 나는 사람들이 나에 대해서 어떻게 생각하는지 되돌아보기 시작했다. 나는 사람들이 나를 좋아해 주기를 바라게 되었고 사람들과 친밀한 우정을 쌓아 나가기 시작했다. 장애인들을 민감하게 의식하게 되었고 그런 사람들을 도와주고 싶다는 생각을 하게 되었다. 내가 가진 기본적인 끈기형 성격 때문에 특수교육 교사가 되는 것이 장애인들을 가장 잘 도와줄 수 있는 방법이 될 것이라고 믿었고 마침내 직업을 바꿨다.

나는 반응형 단계에 이르렀지만 아직도 기본 성격은 끈기형이다. 반응형 단계에서 내가 가진 욕구는 사람들, 특히 사랑하는 사람들을 돕는 것이다. 게다가 나의 기본 욕구가 내 신념에 불을 붙여 주었다. 따라서 딸이 나에게는 최우선 명제가 되었고 그 아이를 옹호하는 일에 앞장서기 시작했다. 나는 점점 통합교육의 옹호자가 되어 갔다. 우리 학교 이사회, 구의회, 중앙행정부 관계자들에게 통합교육의 유익함을 널리 알리려는 노력에 활발히 개입하게 되었다. 나는 특수한 결핍이 있는 사람들이 사회의 일원으로 통합되기를 원했다. 나는 지금 반응형 단계에 이른 끈기형 인간이다.

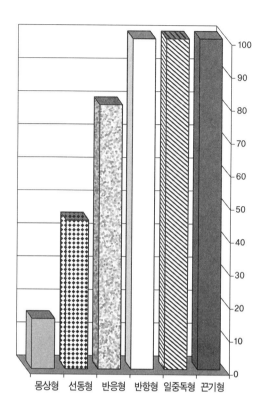

그림 1.5_네 번의 단계 변화를 겪은 한 교사의 성격 구조

성격 유형별 지각 과정

각 학생이 선호하는 언어로 말하는 것이 중요하다는 사실은 앞서서 이야기했다. 그러나 어떻게 교사가 각 학생이 선호하는 언어 또는 지각과정을 파악할 수 있을까? 한 가지 방법은 학생이 정보를 받아들여서 처리하는 지각과정을 보여 주는 언어 단서들에 귀 기울이는 것이다(표 1.1 참조).

예를 들어, 반응형은 자신의 감정을 통해서 세상을 지각한다. 사람과 사물을 그 대상에 대한 느낌을 통해서 받아들이며 다른 사람들이 자신과 그러한 느낌을 공유하기를 원한다. 일중독형은 사고를 통해서 세상을 받아들인다. 그들은 자료 지향적이며 정보를 구한다. 그들은 사람들이 자신과 함께 사고하기를 원한다. 끈기형은 의견을 통해서 세상을 지각한다. 그들은 정보를 얻으면 신속하게 가치 판단을 내린다. 그들은 사람들이 자신의 의견을 물어보기를 원한다. 몽상형은 성찰로 세상을 지각한다. 그들은 대체로 누군가가 무엇을 하라고 말해 줄 때까지 과제를 시작하지 않는다. 반항형은 자신의 반응을 통해서 세상을 지각한다. 그들은 모든 사람들에게 무엇을 좋아하고 무엇을 싫어하는지 자신의 반응을 알려 주려고 한다. 그러면서 자신의 반응에 따르는 결과는 개의치 않는다. 선동형은 행동을 통해서 세상을 지각한다. 그들은 대체로 생각하지 않고 일단 행동부터 한다. 그들은 사람들이 자신과 함께 행동하기를 원하며 이야기가 너무 길어질 때면 불안해한다.

이처럼 저마다 다른 지각과정에서 사용하는 언어들은 아주 뚜렷하게 구별된다. 이러한 언어적인 단서들을 들음으로써 교사는 학생과 소통할 때 어떤 언어를 구사해야 할지 결정할 수 있을 것이다.

반응형

교사는 "내 느낌으로는" 혹은 "내 마음속에서는"과 같은 말을 듣게 될 것이다. 그리고 가족, 친구, 감정, 사랑, 행복함, 보살핌, 동정심, 화합에 대해 이야기하는 것을 들을 수 있다. 교사가 이러한 단서를 포착하면 "우리도 마음 쓰고 있단다", "네가 염려해 주어서 고마워", "내 마음속으로는" 그리고 "다른 사람들은 어떻게 느끼는지 생각해 보자"와 같은 말로 응답해 줄 수 있다. 교사들은 이런 학생들에게 공감이 담긴 말을 해 주고 학생의 감정을 배려하는 행동을 취함으로써 도와줄 수 있다.

일중독형

교사는 "내 생각에는", "사실은", "우리가 가진 대안 중에서"와 같은 말을 듣게 될 것이다. 또 자료, 정보, 논리, 공정성, 범주, 시간, 현안, 순서에 관한 언급도 들을 수 있을 것이다. 교사가 이런 단서를 들었을 때는 "네 생각은 어떠니", "어떤 사실이 뒷받침되니", "어떤 대안들을 가지고 있니"와 같은 말로 응답해 줄 수 있다. 교사는 또한 "누가, 무엇을, 언제, 어디서, 어떻게, 왜"와 같이 사실적인 정보를 끄집어내는 질문을 하거나 논리적인 사고를 장려해 주어야 한다.

끈기형

교사는 "내 생각으로는", "우리는 이렇게 해야 한다", "나는 믿는다"와 같은 말을 듣게 될 것이다. 그리고 존경, 가치, 헌신, 믿음, 사명, 도덕, 옳고 그름의 개념을 언급하는 것도 들을 수 있을 것이다. 교사가 이런 단서들을 포착했을 때는 "네 의견으로는 우리가 어떻게 했으면 좋겠니", "우리가 이렇게 해야 한다고 믿니", "네 의견은 어때"와 같은 말로 응답해 줄 수 있다. 교사는 또 가치와 신념을 끄집어낼 수 있는 질문을 함으로써 도와줄 수 있다.

몽상형

교사는 "이 일을 곰곰이 생각해 볼 시간이 필요해", "어떤 사람과도 대립하고 싶지 않아", "문제를 일으키지 말자"와 같은 말을 들을 수 있을 것이다. 상황을 고려하기 위해서는 시간이 필요하다든지, 다른 사람을 화나게 하고 싶지 않다든지, 너무 공격적으로 굴지 말자든지, 자신만의 공간과 프라이버시가 중요하다는 말도 단서가 될 수 있다. 교사는 "이 과제를 천천히 하도록 해", "이 과제는 각자의 페이스대로 하도록 하자", "성급하게 결론에 도달하지 말자"는 말로 반응해 줄 수 있다. 교사가 학생이 무엇을 해야 할지 숙고하고 성찰하고 고려할 수 있도록 침착하고 불쾌감을 주지 않는 방법으로 부드러운 명령을 해 주는 것도 바람직하다.

반항형

교사는 "난 이게 좋아", "이건 정말 싫어", "멋지다", "최악이군", "난 이걸 원해", "이건 참을 수 없어"와 같은 말을 들을 수 있을 것이다. 그리고 학생이 좋고 싫음에 따라서 상황에 반응하고 있음을 드러내 주는 말을 듣게 될 것이다. 이런 단서를 듣게 되었을 때 교사는 "그래, 나도 그건 싫어", "굉장하구나, 나도 동감이야"와 같은 말로 응답해 주거나 유머를 구사하고 명랑한 분위기를 유지해 주도록 한다.

선동형

교사는 "결론은", "이야기는 그만 하자", "이제 착수하자", "그냥 해 버려!"와 같은 말을 듣게 될 것이다. 독창성, 행동, 긴급함, 적합성, 목적이 수단을 정당화시켜 준다는 생각을 나타내는 말도 들을 수 있을 것이다. 교사는 "네 말을 알아들었어", "넌 행동을 원하는구나", "하자", "10분 안에 이 일을 마치자", "신나게 즐기는 시간이다", "한번 최선을 다해 봐"와 같은 말로 반응해 줄 수 있다. 교사는 행위 동사가 들어간 명령문을 구사해야 하며 활기차게 행동하고 카리스마를 발휘하는 것이 좋다.

성격 유형별 언어 사용

여섯 가지 성격유형이 구사하는 언어가 어떻게 다른지 이해하기 위해서 각 유형의 사람들이 《골디락과 곰 세 마리》 이야기를 어떻게 들려주는지 살펴보자.

반응형

"옛날에 골디락이라는 어린 소녀가 살았어요. 햇빛을 받으면 황금처럼 반짝이는 아름다운 금발을 가졌기 때문에 골디락이라고 불리는 그 소녀는 아주 착한 아이였어요. 그 아이는 남들에게 예쁘게 보일 때 기분이 좋기 때문에 예쁘게 꾸미는 것이 아주 중요한 일이었어요. 그래서 매일 머리를 예쁘게 빗질했어요. 그 아이는 숲 속을 걷는 일이 언제나 편안하다고 느꼈어요. 아름다운 꽃향기를 맡고 신선한 공기를 마실 수 있으니까요. 골디락에게 인생은 참 멋졌어요."

일중독형

"옛날에 골디락이라는 어린 소녀가 살았다. 그 애는 여덟 살이었고 키는 105센티미터 정도였으며 체중은 27킬로그램이었다. 금발이어서 골디락이라고 불렸다. 어느 날 그 아이는 숲 속으로 산책을 나갔다. 길을 잃어버려서 네 시간 동안 이리저리 헤맸다. 결국 작은 집에 오게 되었다. 가로 6미터, 세로 4미터 정도 크기의 이층집이었다. 1층의 북쪽에는 가로 75센티미터, 세로 120센티미터 정도 되는 창문이 세 개 있었다. 2층에도 그것과 거의 같은 크기의 창문이 세 개 있었다."

끈기형

"옛날에 골디락이라는 어린 소녀가 살았다. 그 아이는 여덟 살이었지만 나이에 비해 몸집이 작았다. 그 아이는 혼자 숲 속을 산책하는 것을 좋아했다. 내 생각에 그 지역에는 사나운 곰들이 있기 때문에 아이의 부모는 아이 혼자 숲 속을 돌아다니지 못하도록 했어야 한다. 곰이 나타나는 지역에서 숲 속을 걷는다는 것은 언제나 위험하지만 어린 소녀 혼자라면 더더욱 위험하다. 그 아이는 부주의하고 자신이 어디로 가는지 관심을 갖지 않았기 때문에 길을 잃었다. 네 시간 동안 여기저기 헤맨 끝에 그 아이는 지쳤다. 다행히 작은 오두막을 발견하지 않았더라면 아마 그 아이는 절망하고 말았을 것이다."

몽상형

"옛날에 골디락이라는 어린 소녀가 있었다. 음……. 어느 날 그 아이는 숲 속으로 산책을 나갔는데……. 음……. 길을 잃었다. 그 아이는 음……. 작은 오두막집을 찾을 때까지 헤매고 다녔다. 그 아이는 피곤하고 배가 고파서 집 안으로 들어갔다. 음……. 집에는 아무도 없었지만 식탁 위에는 죽이 세 그릇 놓여 있었다. 맛을 보았다. 음……. 한 그릇은 너무 뜨거웠다. 음……. 또 한 그릇은 너무 차가웠다. 음……. 세 번째 그릇은 적당해서 그걸 먹었다……."

반항형

"옛날에 골디락이라는 어린 소녀가 살았다. 그 아이는 숲 속에서 노는 것이 재미있었기 때문에 자주 숲 속을 산책하는 멋진 아이였다. 하늘까지 닿을 것처럼 보이는 엄청나게 큰 나무들이 있었다. 숲 속도 멋졌다. 나무, 꽃, 토끼, 다람쥐들이 가득했다. 곰도 있었다. 사자, 호랑이, 곰, 우와! 어느 날 그 아이는 숲 속으로 산책을 갔다가 길을 잃었다. 한참 동안 헤매고 다니다가 작고 멋진 통나무집 앞에 이르렀다. 피곤하고 배가 고팠기 때문에 안으로 들어갔다. 식탁 위에 세 그릇의 죽이 놓여 있는 것을 살짝 엿보았다. 첫 번째 그릇에 담긴 죽을 먹어 보았는데 너무 뜨거워서 입을 데고 말았다. 두 번째 죽은 너무 차가웠다. 차가운 죽을 먹어 본 적이 있는가? 우웩!"

선동형

"옛날에 골디락이라는 어린 소녀가 살았다. 그 아이는 언제나 숲 속을 산책했다. 어느 날 그 아이는 산책을 나갔다가 길을 잃었다. 한참 동안 이리저리 돌아다니다가 마침내 작은 오두막집에 다다랐다. 문을 두드려 보았지만 아무도 대답하지 않았다. "누구 안 계세요?"라고 소리쳐

보았다. 아무런 대답도 없었다. 마침내 그 아이는 안으로 들어갔다. 부엌 식탁 위에 죽이 세 그릇 놓여 있는 것을 보았다. 첫 번째 그릇에 담긴 죽을 맛보았다. 너무 뜨거웠다. 두 번째 그릇에 담긴 죽을 맛보았다. 그건 너무 차가웠다. 세 번째 그릇에 담긴 죽을 맛보았다. 그건 적당했기 때문에 한 그릇을 다 먹어 버렸다. 그 아이는 피곤하기도 했다. 그래서 위층에 올라가 보니 침대가 세 개 있었다. 첫 번째 침대에 올라가 보았다. 그건 너무 딱딱했다. 두 번째 침대로 다가가서 그 위에 앉아 보았다. 다시 일어나서 세 번째 침대로 갔다. 그 아이는 그 침대에 누웠다. 그 침대는 푹신했기 때문에 골디락은 그 위에서 잠이 들었다."

학생들은 글을 쓸 때도 자신이 세상을 지각하는 방식에 따라서 쓴다. 그러므로 교사들은 학생들의 작문 숙제에서 그들의 지각방식을 보여 주는 단서를 찾아낼 수 있다. 반응형은 사람들에 관해서 글을 쓰며 느낌과 관련된 단어들을 사용한다. 일중독형은 사실적인 정보를 많이 담는다. 끈기형은 그들이 묘사하는 사건에 대해서 분명한 의견을 내놓으며 "나는 믿는다"라거나 "내 의견은"과 같은 표현을 사용한다. 몽상형은 묘사하는 어휘를 별로 사용하지 않고 짧은 작문을 할 것이다. 그런 학생들은 어떤 개념을 표현하기 위해서 시를 쓰는 등 창의적인 방식으로 숙제를 할 수도 있다. 반항형은 자신의 흥미를 끄는 숙제를 할 때는 창의성을 발휘할 것이며 쓰고자 하는 주제에 대한 자신의 반응을 묘사할 때 아주 생생한 언어를 구사할 것이다. 선동형은 작문에 많은 행위 동사들을 사용하고 자극적인 사건에 대해서 쓸 것이다.

성격유형별 욕구

교사가 성격유형에 관한 지식을 어떻게 활용해야 저마다 다른 학생들에게 보다 가까이 다가갈 수 있을까? 한 가지 방법은 이러한 지식을 학생들에게 동기를 부여할 때 활용하는 것이다. PCM 연구에 따르면 여섯 성격유형에게는 각각 선호하는 지각방식과 더불어 선호하는 의사소통 채널이 있으며 동기부여를 위해 충족시켜 주어야 할 욕구도 각각 다르다. 만약 학생의 욕구가 긍정적으로 충족되면 그 학생은 교사와 학습 환경에 바람직하게 반응하게 될 가능성이 더 높아진다. 반면 학생의 욕구가 긍정적으로 충족되지 못했을 때는 스트레스를 받게 되고 부정적인 관심을 끌기 위한 행동을 하게 된다. 그럴 때 보이는 학생의 행동도 성격유형에 따라 다르다. 예를 들어, 어떤 학생은 의자를 집어 던지거나 급우를 때리고 교사에게 폭언을 한다. 또 어떤 학생은 친구나 교사를 조종해서 부정적인 드라마를 연출하기도 할 것이다. 칼러 박사와 연구자들은 이런 문제 행동들이 사람들이 자신의 욕구를 부정적으로 충족하려는 수단이라고 설명했다. 각 성격유형이 스트레스를 받을 때 보이는 행동은 9장과 11장에서 다루겠다.

누구든 스트레스를 받게 되면 사고력이 떨어지고 학습을 할 때 부정적인 경험을 하게 되며 주위 사람들까지 괴롭히게 된다. 학교 환경에서 PCM을 적용해 본 연구와 실제 경험에 따르면 동기부여와 관련된 욕구가 긍정적으로 충족될 때 부정적인 행동이 현저하게 줄어들거나 완전히 사라지는 것을 볼 수 있었다. 동기부여에 필요한 욕구가 긍정적으로 충족될 수 있도록 교사가 도와줄 때 학생들은 학교에 대해 보다 바람직한 태도를 갖게 되고 더 잘 배우며 교실에서 말썽을 덜 부리게 된다. 게

다가 교사들 역시 지치지 않고 하루를 마칠 수 있다.

　교사가 각 학생에게 개별적으로 동기를 부여하려면 어떻게 해야 하는가? 여섯 가지 성격유형은 각각 다른 동기 유발 욕구를 갖는다(45쪽 표 1.2 참조).

• 반응형 학생들은 인격적으로 인정받고 감각적인 자극을 체험할 필요가 있다. 그런 학생들은 편안하고 둥지처럼 아늑한 환경을 좋아한다. 그들은 진정시켜 주는 음악, 따뜻한 느낌의 색조, 상쾌한 냄새에도 잘 반응한다. 그들은 사람들에 대해 이야기하는 것을 좋아하며 특히 부모, 형제, 친구, 자녀, 배우자처럼 자신과 가까운 사람들에 대해서 이야기하고 싶어 한다. 그들은 자신이 좋은 사람이라고 인정받기를 원한다. 간단히 말해서 그들은 무조건적인 수용을 필요로 한다. 그들은 자신의 외모, 옷, 장신구, 가족 등을 진지하게 칭찬해 주면 좋아한다. 반응형 학생들이 A를 받기 위해서 공부할 수도 있지만 그건 부모나 교사를 기쁘게 하기 위해서다. 성적은 반응형 학생의 일차적인 동기가 아니다.

• 일중독형 학생들은 자신의 명료한 사고력과 성실한 노력으로 인정받고 싶어 한다. 그들은 "잘했어", "훌륭해", "좋은 생각이야"와 같은 칭찬을 들을 필요가 있다. 그들에게는 시간표를 어떻게 짜는지도 중요하다. 그들은 언제까지 숙제를 제출해야 하는지, 하루 일과가 어떻게 구성되는지 알아야 한다. 그들은 A를 받는 것이 곧 자신의 성취를 인정받는 것이라고 생각하기 때문에 A를 받으려고 노력한다.

- 끈기형도 "잘했어", "좋은 생각이야"와 같은 칭찬을 들어야 하며 자신이 한 일로 인정받아야 한다. 그러나 다른 사람들이 그들의 신념과 규범에 대한 헌신을 존중해 주고 의견을 물어보는 것이 더욱 중요하다. 끈기형 학생들도 A를 받기 위해서 공부하며 종종 다른 학생들의 공부를 도와주기도 한다.

- 몽상형 학생들의 최우선 동기는 고독이다. 이들이 학교에서 잘 지내려면 자신만의 시간과 공간이 필요하다. 그들은 길게 이어지는 토론에 잘 참여하지 않는다. 그들은 정확히 무엇을 하라고 지시해 주고 어떻게 해야 하는지 보여 준 후에 과제를 완료하도록 혼자 남겨 두는 교사를 좋아한다. 성적은 이들의 주요 동기가 아니다.

- 반항형 학생들에게는 재미있는 인간관계가 필요하다. 그들은 재미를 맛보고 싶어 하며 반드시 좋은 성적을 받아야겠다는 동기에 따라 행동하지는 않는다. 그들은 교실이라는 무대의 중심에 있고 싶어 하며, 느긋하고 학생들과 즐길 줄 아는 교사를 좋아한다. 그들은 수업에 재미있는 내용을 포함시키는 교사에게 가장 잘 배운다.

- 선동형 학생들은 자극받고 싶다는 동기에 따라 행동한다. 그들은 언제나 무슨 일이 벌어지기를 원한다. 그들은 스릴을 찾아다니며 늘 움직여야 한다. 또 사람들이 말을 많이 하면 지루해한다. 그들에게는 행동이 가장 중요하다.

표 1.2_각 성격유형에게 동기를 주는 욕구

성격유형	동기를 주는 욕구
반응형	사람들의 인정, 감각적 자극
일중독형	명료하게 사고하고 일할 수 있는 능력에 대한 인정, 짜임새 있는 시간 구성
끈기형	일에 대한 인정, 신념과 헌신에 대한 인정
몽상형	고독
반항형	재미있는 인간관계
선동형	사건, 흥분

여섯 가지 성격유형 중 학교에서 어려움을 겪게 되는 부류의 학생들은 반항형, 선동형, 몽상형이다. 이러한 성격유형은 교육자들에게는 가장 덜 발달된 특성들이어서 대다수 교사들은 이러한 학생들이 구사하는 언어를 사용하지 않기 때문에 그들에게 동기를 부여하는 일에 상당한 어려움을 겪는다. 이런 학생들은 교사들이 보기에 동기가 빈약하고 주의력이나 행동 심지어는 학습에 장애가 있는 것으로 인식된다.

하지만 다행스럽게도 교사들이 각 유형의 학생마다 다르게 갖고 있는 욕구를 인식하면 각각의 학생이 욕구를 충족시키도록 도와주는 방법을 찾을 수 있다. 예를 들어, 교사는 반응형 학생을 교실 앞에서 맞아주며 아주 멋지게 보인다거나 만나서 반갑다고 인사할 수 있다. 또 끈기형과 일중독형 학생들에게는 성실한 노력과 뛰어난 아이디어를 칭찬해 줄 수 있다. 반항형과 선동형 학생들의 주의를 집중시키기 위해서 수업에 게임이나 농담을 포함시키는 방법도 있다. 그리고 몽상형 학생은 일정 시간을 혼자 있을 수 있게 해 주어야 한다(교실에서 각 학생들의 욕구를 충족시켜 줄 수 있는 더 많은 방법은 10장을 참조하기 바란다).

의사소통 채널

각 유형의 학생들과 성공적으로 의사소통할 수 있는 또 하나의 열쇠는 여섯 가지 유형의 학생들이 선호하는 네 가지 의사소통 채널을 이해하는 것이다(표 1.3 참조). 이러한 채널은 무전기와도 같다. 만약 교사는 9번 채널에 맞춰져 있는데 학생은 7번 채널에 맞춰져 있다면 그들은 서로의 이야기를 듣지 못할 것이다.

표 1.3_ 네 가지 채널이 성공적인 의사소통을 하거나 오해를 불러오게 되는 과정

채널	발언	의사소통	오해
지시형	어디 가는지 말해라	교무실에 갑니다	내가 어디 가는지 말했으면 좋겠다는 뜻입니까?
요청형	어디 가니?	교무실에요	내가 어디 가는지 말했으면 좋겠다는 뜻입니까?
보살핌형	참 예쁜 스웨터로구나, 언제나 멋져.	고맙습니다.	일주일 내내 입었던 스웨터인데요.
감정형	와, 멋진 셔츠네. 짱이야!	네, 쿨하지 않나요?	내 셔츠 이상하지 않은데요.

문이 네 개 있는 방을 예로 들어 보자. 그 중 한 문은 학생이 좋아하는 문이어서 그 학생은 거의 언제나 그 문을 사용한다. 또 하나의 문은 막아 놓아서 학생이 전혀 사용하지 않고 나머지 두 문은 아주 가끔씩만 사용한다고 가정해 보자. 만약 교사도 자신이 좋아하는 문만 사용하는데 하필 그 문이 학생이 전혀 사용하지 않는 문이라면 교사와 학생 간에는

의사소통이 이루어지지 못할 것이다. 교사가 모든 학생이 자신의 말을 듣기를 원한다면 수업시간에 각 학생이 선호하는 문(즉, 채널)을 골고루 사용해야 한다. 이러한 네 가지 채널은 무엇이며 각 성격유형별로 가장 효과 있는 채널은 어떤 것인지 알아보자.

1. 지시형 채널은 듣는 사람으로 하여금 상대방이 어떤 것을 기대하고 있는지 정확히 알려 주며 명확한 지시형으로 소통한다. 예를 들자면 "어디 가는지 말해라"라고 말하는 것이다. 분명한 지시가 필요한 몽상형이나 핵심을 원하는 선동형에게 가장 큰 효과가 있다.
2. 요청형 채널은 질문을 던지는 형식이며 일중독형이나 끈기형에게 가장 큰 효과가 있다. 이러한 성격유형은 무엇을 해야 하는지 이미 알고 있으며 남이 질문하는 것을 좋아한다. "어디 가니?"와 같은 질문이 그 예다.
3. 부드러운 어조와 상냥함을 좋아하는 반응형은 보살핌형 채널을 좋아한다. "참 예쁜 스웨터로구나, 언제나 멋져."
4. 감정형 채널은 반항형에게 잘 맞는다. "와, 멋진 셔츠네. 짱이야!" 이러한 채널을 사용하면 쉽게 싫증내는 반항형의 흥미를 지속시키는 데 도움이 된다.

성공적인 의사소통이 이루어지려면 당연하지만 대화하는 두 사람이 있어야 한다. 또 발언이 있어야 하고 신속하고 명확한 응답이 이어져야 한다. 보살핌형 채널의 예에서 보자면 "고맙습니다"와 같은 응답자의 대답이 말한 사람의 발언을 받아들였고 인정했음을 보여 준다. "일주일

내내 입었던 스웨터인데요"라는 반응은 의사소통이 제대로 이루어지지 않았음을 보여 주며 받아들이는 사람이 보살핌형 채널에 열려 있지 않다는 뜻이다.

성격유형별 차이에 대한 인정

앞에서 살펴보았듯이 연구결과는 대부분의 초등학교 교사들이 기본적으로는 반응형이며 끈기형과 일중독형의 특성을 두 번째 층이나 세 번째 층에 가지고 있음을 보여 준다(28쪽 그림 1.4 참조). 이런 교사들에게는 반항형, 선동형, 몽상형의 성격 특성이 덜 발달되어 있다. 대부분의 중·고등학교 교사들은 기본 성격이 끈기형이며 일중독형이 두 번째 층에 있거나, 일중독형이면서 끈기형이 두 번째 층에, 반응형이 세 번째 층에 자리 잡고 있다(25쪽 그림 1.2 참조). 이들도 몽상형, 반항형, 선동형의 특성이 덜 발달되어 있다. 이러한 성격 구조상의 차이점 때문에 교사들은 자신에게 발달되어 있지 않은 세 가지 유형의 학생들을 가르치는 데 어려움을 겪는다. 따라서 몽상형, 반항형, 선동형 학생들이 학교 중퇴자들 중 높은 비율을 차지하며 주의력 결핍, 과잉행동장애 진단을 받거나 특수교육을 받기도 하고 교사, 친구들과 종종 갈등을 빚는다.

그런데 교사가 스스로의 욕구를 충족시키지 못해서 학생들에게 감정적으로 반응하면 어떤 일이 벌어질까? PCM에서 즐겨 쓰는 용어에 따르면 6층짜리 성격 구조 아파트에는 스트레스의 지하실로 통하는 출입구와 스트레스의 지하실 그리고 스트레스의 제일 아래층에 위치한 지하 저장실이 있다(그림 1.6 참조).

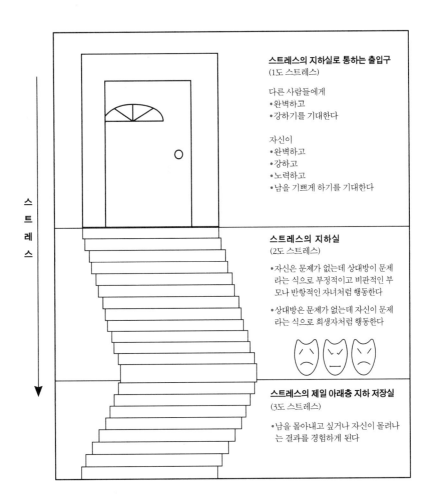

스트레스의 지하실로 통하는 출입구
(1도 스트레스)

다른 사람들에게
•완벽하고
•강하기를 기대한다

자신이
•완벽하고
•강하고
•노력하고
•남을 기쁘게 하기를 기대한다

스트레스의 지하실
(2도 스트레스)

•자신은 문제가 없는데 상대방이 문제
 라는 식으로 부정적이고 비관적인 부
 모나 반항적인 자녀처럼 행동한다

•상대방은 문제가 없는데 자신이 문제
 라는 식으로 희생자처럼 행동한다

스트레스의 제일 아래층 지하 저장실
(3도 스트레스)

•남을 몰아내고 싶거나 자신이 몰려나
 는 결과를 경험하게 된다

스 트 레 스

그림 1.6_스트레스의 삼 단계

칼러 박사는 출입구를 1도 스트레스(가장 경미한 스트레스), 지하실을 2도 스트레스, 지하 저장실을 3도 스트레스(가장 심한 스트레스)라고 묘사했다. 이러한 스트레스 정도는 순차적이며 각 성격유형마다 정도에 따라 나타나는 행동을 예측할 수 있다.

사람들은 누구나 심한 스트레스를 받을수록 명료하게 사고하는 능력이 떨어진다. 나아가서 출입구나 지하실 또는 지하 저장실에 내려가게 되면 자신의 진실된 감정과 반응을 숨기고 거짓된 반응을 하게 된다. 스트레스를 받고 있는 사람의 말은 듣는 사람의 오해를 초래할 수도 있다는 뜻이다. 예를 들어, 한 학생이 "난 이 수업이 싫어, 정말 지루해!"라고 말한다. 그 말을 들은 교사는 학생에게 설교를 하게 될 것이다. "네가 살면서 나중에 이런 정보가 필요해질 수도 있으니 잘 들어 두는 것이 좋을 게다"와 같은 식의 설교 말이다. 이렇게 되면 학생은 교사를 스트레스의 지하실로 통하는 출입구까지 성공적으로 유인한 셈이며 힘겨루기가 뒤따르면서 결국 두 사람 모두 지하실에 처박히게 될 가능성이 높다. 학생은 말썽을 피우거나 교사에게 험한 말을 할 것이며 교사는 처벌로 대처할 것이다.

대체로 이러한 결과는 의사를 전달받는 쪽에 있는 교사의 잘못은 아니다. 그러나 이러한 오해는 교사와 학생 사이의 의사소통 채널이 다르고 동기를 유발하는 욕구가 다르기 때문에 일어나는 일이며 서로에게 갈등을 불러일으킬 수 있다. 때로는 이러한 갈등이 학생과 교사 모두에게 좌절감을 안겨 주게 되며 하루가 끝날 무렵에는 몸까지 아플 수도 있다.

다행스럽게도 방법이 없는 것은 아니다. 스트레스를 받아서 나타나는 부정적인 행동은 단순히 오해가 일으킨 증세일 뿐이다. 학생이 교사의 전형적인 특성(일중독형, 끈기형, 반응형 에너지가 지배적인 특성)과 대립되는 행동을 할 때, 그 학생은 고의로 못된 행동을 하는 것이 아니다. 다만 그 학생의 지배적인 성격유형 때문에 그렇게 행동하고 있는 것임을 기억하면 교사는 이러한 오해가 불러오는 소란에 뒤얽히는 것을 피할 수 있을 것이다.

요약

학교 현장에서 교사, 학생, 교육 행정가, 부모는 각각 성격유형이 다르고 욕구도 다를 것이다. 서로 다른 성격들이 한데 섞이면 생활이 활기찰 수도 있지만 교실 안에서 이러한 차이점들을 조정해 나가는 일이 교육자에게는 어려운 도전이 될 수 있다. 그러나 각 성격유형과 개인은 고유한 장점들을 가지고 있어서 전체에 긍정적으로 기여할 수 있다는 사실을 기억하기 바란다. PCM의 개념을 이해하게 되면 학생들의 기본 성격유형에 맞는 지각방식과 채널을 통해서 소통하고, 학생들의 현 단계에 맞게 동기부여가 가능하도록 욕구를 충족시키면서 격려해 주는 것이 최선임을 알게 될 것이다.

교사가 학생들을 가르치기 위해 자신의 성격을 바꿔야 하는 것은 아니다. 다만 몇 가지 성격유형의 언어를 보다 유창하게 구사할 수 있도록 연습해서 모든 학생들에게 다가갈 수 있으면 된다. 교사가 스트레스 상황을 방지하고 갈등을 해소하기 위해서 의사소통 채널, 지각방식, 동기를 유발하는 욕구에 관한 이러한 정보를 활용하게 되면 교사는 학생들을 더욱 행복하고 생산적이며 의욕적으로 변화시킬 수 있고 교사 스스로도 보다 활기차고 의욕적으로 변하게 될 것이다.

chapter
02

반응형
－개인적인 관심과 인정
그리고 감각적인 만족을 원하는 사람

학생의 이야기

　나는 반응형 성격을 가진 로지입니다. 정말 아름다운 아침이에요! 햇살이 밝고 아름다운 꽃나무들이 싱싱하게 자라고 있네요. 내가 잠에서 깨어나 보니 작은 토끼까지도 우리 정원에서 깡충깡충 뛰어다니고 있었어요. 모든 사물이 생명으로 가득 차 있을 때면 나의 감각은 터질 듯 부풀어 오르고 너무나 행복해요! 보통 때 같으면 일어나기 전에 몇 분 동안 침대 속에서 포근함을 즐기며 머물러 있겠지만 오늘은 바깥이 너무나 아름다웠기 때문에 바로 침대를 박차고 나와서 학교 가기 전에 잠깐 즐거운 시간을 가졌어요. 거실과 침실을 꾸미고 싶어서 집 안으로 들어오기 전에 야생화를 좀 꺾었어요.

　오늘은 학교에 입고 가려고 조금 특별한 옷을 골랐어요. 난 언제나 센스 있고 멋지게 옷을 입는 편이고 외모에 신경을 씁니다. 오늘은 합창 발표가 있기 때문에 학교 갈 준비를 하는 데 보통 때보다 시간이 조금 더 걸렸어요. 머리도 예쁘게 했고 내가 좋아하는 목걸이(사슬에 하트가 달린 목걸이랍니다)를 하고 달랑거리는 귀고리도 했답니다. 내가 이 액세서리를 하면 사람들이 많이 칭찬해 줘요.

엄마와 아빠도 오늘 아침에 기분이 좋았어요. 아침식사를 준비할 때 조금 거들고 식탁에 앉아서 함께 이야기를 했어요. 내 남동생과 여동생은 정말 귀엽고 착해요. 이렇게 가족이 함께 하루를 시작할 수 있는 날은 정말 기분이 좋아요. 엄마는 내 옷이 마음에 든다고 했고 아빠는 웃는 모습이 예쁘다고 했어요. 와, 이런 말을 들으면 너무나 기분이 좋아져서 아무나 막 껴안고 싶어요!

학교에 도착해서 친구들을 만났어요. 난 친구들이 많고 그 아이들과 있을 때 기분이 좋아요. 될 수 있으면 많은 시간을 함께 보내고 싶어요. 그렇기 때문에 이렇게 아침마다 친구들을 만나면서 하루를 시작하는 것은 참 좋은 것 같아요. 우리 학교에 있는 아이들은 대부분 초등학교 때부터 같은 학교에 다녔기 때문에 난 거의 모든 아이들을 알아요. 그래도 매년 새로운 학생들이 몇 명씩 들어오는데 그 아이들과 친해지는 것도 참 좋아요. 나는 언제나 모든 사람들과 잘 지내는 편이지만 몇몇 친구들과는 특별히 더 가깝답니다. 나는 그 친구들과 많은 시간을 함께 보내요. 방과 후나 주말에도 만나고 학교에서도 될 수 있으면 붙어 다녀요. 우리는 사물함도 가까이 있는 것을 얻어서 온종일 서로 붙어 있으려고 하지요. 집에 오면 전화로 몇 시간씩 수다를 떨고 인터넷으로 채팅도 한답니다. 친구들은 문제가 생기면 주로 내게 이야기해요. 나는 친구들의 이야기를 들어 주고 그 아이들의 감정에 세심하게 반응하고 공감해 주지요. 진심으로 그 아이들을 돕고 싶답니다. 친구들은 그런 내게 고마워하는 것 같아요.

엄마는 내가 동정심이 너무 많아서 때로는 손해를 본다고 해요. 내가 다른 사람들의 문제에 너무 깊이 빠져 있대요. 나는 길을 잃거나 다친 동물을 보면 그냥 못 지나쳐요. 부모님에게 함께 키우자고 애원해 보지만 결국 언제나 보호소로 보낸답니다. 보호소에 보내면 정말 마음이 아프지만 아빠는 그 동물들을 다 집에 데리고 있었다면 집 안을 걸어 다닐 수조차 없을 만큼 꽉 찼을 거라고 해요. 아빠는 내 마음이 지나칠 정도로 따뜻하다고 생각해요.

나는 사람들과 어울리는 걸 좋아하고 사람들은 내가 따뜻하고 친절하대요. 다른 사람들이 나를 좋아하는 것이 내게는 정말 중요해요. 내가 다른 사람을 돕거나 기쁘게 해 줄 수 있다면 수고를 아끼고 싶지 않아요. 나와 가장 친한 친구인 줄리는 내가 너무 착해서 사람들이 나를 이용할 수 있다고 말하는데 그런 일은 자주 일어나지 않아요.

난 언제나 학교를 좋아했어요. 특히 초등학교 시절의 좋은 추억이 많아요. 대부분의 선생님들은 매우 친절하고 우리를 잘 보살펴 주었어요. 우리를 정말로 사랑해 주었답니다. 우리를 알기 위해서 많은 시간을 쏟았고 우리가 마치 한 가족인 것처럼 대해 주었어요. 내가 어려워했던 선생님은 5학년 때 담임선생님뿐이었어요. 알레그로 선생님은 학년 초에는 날 좋아하는 것 같았는데 학년 말이 될 때쯤에는 나를 아주 싫어하는 것처럼 보였어요. 내가 하는 모든 일에 대해 혼을 냈어요. 나는 선생님의 마음에 들기 위해 정말 열심히 노력했지만 어떤 방법도 효과가 없었어요. 나는 너무 속이 상해서 부모님에게 이야기했어요. 아빠가 알레그로 선생님과 무엇이 문제인지 상의해 보라고 해서 그렇게 했어요. 선생님은 나를 싫어하지 않는다고 이야기했지만 나를 좋아한다는 이야기도 하지 않았어요. 남은 기간 동안 나는 좋은 학생이 되려고 노력했고 선생님도 좀 더 잘해 주려고 애쓰는 것처럼 보였지만 관계는 한 번도 매끄럽지 못했어요. 나는 그 선생님 반에서 공부하는 것이 얼마나 어려웠는지 아직도 생생히 기억해요. 그때 받은 성적은 이제까지 받았던 성적 중에서 가장 나빴어요. 나는 부모님과 친구들에게 의지하면서 그 학년을 겨우 넘겼다고 생각해요. 어쨌든 그 선생님만 빼고는 여러 사람들과 멋진 시간을 보냈던 좋은 기억들을 많이 가지고 있어요.

중학교에 올라와서는 다른 초등학교에서 온 새로운 친구들을 많이 알게 되었다는 점이 가장 좋았어요. 그렇지만 교과목마다 다른 선생님을 만나는 것은 어려웠어요. 선생님들은 대부분 학과목에만 집중했어요. 초등학교 선생님들처럼 학생들과 개인적으로 친해지지 않았어요. 내가 가장 좋아했던 선생님은 영어를 담당하는 폭스 선생님이었어요. 우리는 연극, 시, 단편소설들을 읽고 그룹으로 토론하면서 우리가 읽은 책에 대한 느낌과 생각을 함께 나누었어요. 또 소그룹으로 만나서 작문 숙제도 함께 하고 다른 친구들이나 선생님에게 도움을 받기도 했어요. 나는 혼자서 공부할 때보다 다른 사람들과 함께 할 때 공부가 더 잘 된답니다.

고등학교에서도 마찬가지였어요. 난 선생님이나 다른 학생들과 교류하거나 토론에 참여하도록 장려해 주는 수업시간에 제일 잘해요. 나는 학생들끼리 도움을 주고받을 수 있도록 반 전체나 학교 전체에서 실시하는 또래교수를 아주 좋아해요. 짝을 지어서 공부하거나 협동학습그룹에서 공부하는 것이 큰 도움이 되지요. 나는 수업시간의 대부분을 선생님 혼자 강의하는 수업은 좋아하지 않아요. 그리고 혼자서 발표해야 할 때면 정말 괴로웠어요. 너무 불안해져서 내가 해야 할 말이나 행동을 잊어버릴 때가 많았어요.

선생님과 좋은 관계로 지내는 것이 공부를 할 때도 아주 중요해요. 선생님이 내게 인간적인 관심을 보이면 나는 그 기대에 맞추기 위해서 더 열심히 공부한답니다. 내게는 선생님이 인정해 주고 받아들여 주고 칭찬해 주는 게 필요해요. 나는 선생님이 우리의 이름을 친근하게 불러 주고 교실에서 따뜻한 미소로 맞아 주고 우리가 관심 있어 하는 주제로 몇 마디 이야기를 나누는 그런 수업시간에 제일 잘할 수 있어요. 선생님이 나에게 진심으로 좋은 이야기를 해 주면 정말 기분이 좋아요. 사실 내게는 좋은 성적을 받는 것이나 공부를 잘한다는 말보다 그게 더 중요해요. 그렇지만 좋은 성적은 선생님이 내게 만족한다는 뜻이고 부모님도 성적이 좋으면 기뻐하기 때문에 열심히 공부한답니다.

내가 학습에 어려움을 겪는 것은 대체로 선생님, 친구, 부모님이나 다른 사람들이 나를 못마땅해할까 봐 걱정하기 때문이에요. 그런 사태가 벌어지면 나는 수업시간에 집중하기가 어렵고 중요한 것이 무엇인지 헷갈리고 실수를 합니다. 지난주에 생물 선생님이 수업시간에 내가 줄리에게 귓속말을 했다고 학생들 앞에서 혼냈을 때는 정말 괴로웠어요. 우리는 숙제에 대해서 이야기하고 있었는데 선생님은 이해하지 못했던 거죠. 그 선생님은 수업시간에 잡담하는 것을 아주 엄격하게 금하고 우리가 함께 공부하는 것을 허락하지 않아요. 선생님은 학생들끼리 교류하는 것은 중요하지 않다고 여기는 것 같고 강의를 듣고 배우라고 강조합니다. 그래서 나한테는 참 어려운 선생님이지만 그래도 선생님 마음에 들기 위해서 수업시간에는 친구들과 이야기하지 않으려고 노력해요. 선생님이 화를 냈을 때는 너무 창피하고 당황했어요. 나머지 수업시간에 제대로 집중할 수 없을 정도였지요. 수업이 끝나고 복도로 나왔을 때는 울고 싶었어요. 줄리가 위로해 주어서 간신히 하루를 보낼 수 있었어요. 나는 이제 과학 교실로 들어갈 때마다 유난히 불안해진답니다. 다른 친구들과 이야기하지 않아야 한다는 것을 너무 의식해서 오히려 수업에 몰두하기가 어려워요.

하지만 나는 대체로 학교를 아주 좋아하고 수업시간에도 잘하는 편입니다. 선생님들이 나를 좋아하는 것 같을 때면 내 기분도 정말 좋아져서 열심히 공부합니다.

반응형 학생의 특성

친구나 가족들이 반응형 학생을 묘사할 때면 세심하고 친절하며 동정심이 있고 따뜻하다고 한다. 북미 인구의 30퍼센트 정도가 반응형에 해당되는데 그 중 75퍼센트는 여성이고 25퍼센트는 남성이다.

반응형은 자신의 감각을 충분히 만족시켜 주면서 하루를 시작할 때 기분이 좋아진다. 그들은 날씨를 금방 감지하며 다른 사람들의 기분에도 민감하다. 예를 들어, 가족 모두가 즐겁게 아침 식탁에 둘러앉으면 하루를 행복하게 시작할 수 있다. 또 옷을 세심하게 골라 입고 액세서리를 고르는 데 시간을 할애하며 다른 사람들이 자신의 안목을 칭찬해 주면 고마워한다.

반응형 학생들이 학교생활을 잘하기 위해서는 다른 사람들과 교제할 필요가 있다. 친구들과 주기적으로 접촉하며 학교생활의 여러 면에 대한 느낌과 반응을 나눌 수 있으면 좋은 기분을 유지하고 공부에 집중할 수 있다.

반응형 학생들의 수업시간 성취도는 대체로 교사와의 관계에 달려 있다. 교사가 자신을 좋아하고 자신이 교사의 마음에 들 수 있다고 느끼면 수업시간에 잘하려고 노력한다. 그러나 자신이 무시당하거나 배척당한다고 느끼면 과목에 집중하기가 어려워지고 선생님이 자신을 좋아하게 만들 방법을 생각하는 데 많은 에너지를 소모하게 된다. 만약 공개적으로 꾸중을 듣게 되면 울음을 터뜨리기도 한다. 자신이 기쁘게 해 주려고 했던 사람을 오히려 실망시키게 되었다고 느낄 때는 몹시 낙

담한다.

반응형 학생들은 다른 사람들과 함께 활동할 수 있을 때 학교생활을 가장 즐긴다. 하지만 다른 사람들과 함께 일하려는 열정과 욕구는 때때로 수업시간에 문제를 일으키기도 한다. 그런 욕구가 혼자서 공부해야 하는 과제보다 우선할 때가 많기 때문이다.

협동학습, 또래교수, 친구들과 함께 하는 프로젝트는 이들이 다른 사람들을 통해 자신의 생각을 확인받을 수 있게 해 준다. 이런 과정을 거치면 자신감이 생겨서 창의적인 에너지가 쏟아져 나온다. 반응형 학생들은 스스로가 무능하다고 느낄 때 상처받는다는 사실을 교사들은 인식해야 한다. 그런 사태가 벌어지면 반응형 학생들은 쉽게 당황하며 익숙한 정보나 기술을 순간적으로 잊어버리기도 한다.

반응형 학생은 교사와 부모를 기쁘게 해 주려는 동기에서 성적을 잘 받으려고 공부한다. 그들은 교사가 자신에게 관심을 가질 때 가장 잘하며 자신의 보고서나 프로젝트가 뽑혀서 전시되면 기뻐한다. 사실 반응형 학생은 전시물을 아름답게 배치할 수 있는 '안목'을 가지고 있다.

반응형 학생은 잘 공감하기 때문에 새로운 친구를 사귀는 재주가 있다. 그래서 전학 온 학생이 학급의 일원이 되었다는 소속감을 갖도록 도와줄 수 있다. 이런 학생들은 시험지를 나눠 주는 일부터 다른 학생들의 공부를 도와주는 일에 이르기까지 학교생활의 모든 면에서 도움을 주는 것을 좋아한다. 이들은 학교 축제 같은 행사를 잘 주관할 수 있다. 친구들과 동아리에 가입하는 것을 좋아하고 자신이 속한 그룹이 가족적인 분위기로 돌아갈 때 만족해한다. 반응형 학생은 전인적으로 인정받고 존중받는다고 느낄 필요가 있다. 그들이 학교에 도착했을 때 이름을 부르면서 맞아 준다든지 진지한 칭찬을 해 주면 하루를 기분 좋게 시작한다. 그들은 자신이 존중받고 칭찬을 들을 때 최선을 다한다. 반응형 학생을 격려해 줄 수 있는 더 많은 방법은 표 2.1을 참조하기 바란다.

표 2.1_반응형의 욕구 : 개인적인 관심과 인정 그리고 감각적인 만족

반응형 학생을 도와주는 방법

- 미소를 띠고 이름을 부르면서 맞아 준다
- 외모를 칭찬해 준다
- 그 학생의 웃는 모습이 무척 예쁘다고 칭찬해 준다
- 매일 개별적으로 잠깐씩 이야기 나누는 시간을 할애해 준다
- 그 학생이 편안하게 느낄 수 있도록 교실 한구석에 '둥지처럼 아늑한' 장소를 마련한다
- 교실에서 애완동물을 키운다
- 시험을 볼 때 책상 위에 인형을 놓아두어도 괜찮다고 허락한다
- 가끔씩 아이들에게 과자를 나눠 준다
- 그 학생이 우리 반에 있어서 무척 감사하다고 말해 준다
- 친구들과 그룹으로 공부하도록 허락해 준다
- 다른 학생들과 느낌이나 생각을 토론할 수 있게 장려해 준다
- 또래교수를 할 수 있는 기회를 준다
- 협동학습활동에 참여시킨다
- 앞에서 발표를 해야 할 때 인형 등을 안고 있을 수 있도록 허락해 준다
- 학업뿐 아니라 학생의 인격 전체를 칭찬해 준다
- 학급의 애완동물이나 화초를 돌보는 책임을 맡긴다
- 날씨가 좋을 때는 야외 수업을 한다
- 전학 온 학생이나 장애가 있는 학생의 도우미가 되어 주도록 장려한다
- 시험지에 점수 외에도 개인적인 의견을 적어 준다

교사의 이야기

이 이야기는 끈기형 교사와 반응형 학생 사이에서 일어난 오해를 보여 준다. 교사가 학생이 인정받고 싶어 하는 욕구를 충족시켜 주자 학생은 자신에 대한 회의를 극복하고 보다 긍정적으로 반응하기 시작했다.

• • •

내가 맡고 있는 3학년 학급의 마리아는 내전에 휩싸인 고국을 떠나 5개월 전에 미국으로 온 학생이다. 그 아이는 언제나 미소로 나를 맞아 주었고 내가 미소로 답해 주면 얼굴 표정이 밝아지곤 했다. 그 아이는 따뜻하고 다정하며 착했다. 며칠 전에는 칼이라는 학생이 2주간 결석했다가 학교에 나왔다. 마리아는 칼을 보자마자 "네가 돌아와서 정말 기뻐. 보고 싶었는데. 이제 괜찮아?"라고 말하면서 칼의 어깨를 두드려 주었다.

마리아는 함께 그룹이 된 어떤 친구와도 잘 지냈고 수학을 가장 잘했으며 다른 학생들이 그 아이에게 종종 도움을 청하기도 했다. 그 아이는 기꺼이 도와주었으며 그럴 때면 엄마처럼 굴기도 했다. 아이들 앞에서 큰 소리로 책을 읽어야 할 때를 빼고는 아무 문제가 없었다. 그 아이는 책을 읽으면서 단어나 개념이 어렵다고 느껴지면 스스로에 대해서 부정적인 이야기를 하기 시작했다. 그러면서 읽는 속도와 참여도도 떨어졌다. 읽기를 계속하게 하려면 끊임없이 확인시켜 주어야 했다. 너무 당황할 때면 울기도 했다.

처음에 나는 마리아에게 영어를 유창하게 읽을 수 있게 되려면 연습이 중요하다고 누차 이야기했다. 그리고 우는 것은 전혀 도움이 되지 않으며 다른 학생들 앞에서 실수하는 것을 염려하지 말라고도 일렀다. 하지만 그 아이가 여전히 그런 행동을 하는 것을 보고 나는 다른 방법을 써 보기로 했다. 나는 마리아에게 아직은 걸을 줄 모르지만 조금씩 연습해서 걷게 되는 아기를 상상해 보라고 말해 주었다. 외국어로 글을 읽는 것도 아기가 발달하는 것과 비슷한 과정이고 아마 모국어를 배울 때도 똑같은 과정을 겪었을 것이라고 이야기해 주었다. 그 아이는 동생들이 있었기 때문에 내 말을 쉽게 이해할 수 있었다. 그런 다음 나는 실수하는 것은 아무렇지도 않은 일이라고 세심한 노력을 기울여서 확인시켜 주고 그 아이가 우리 학급에 들어오게 되어서 다들 좋아한다고 말해 주었다. 그리고 또 친구들의 수학 공부를 도와주어서 내가 아주 고마워하고 있다는 말도 잊지 않고 덧붙였다. 이 말을 들은 마리아는 활짝 웃었다! 마리아는 아기의 비유가 도움이 되었는지 낭독할 때 전보다 강한 자신감을 보였으며 이제는 실수에 그다지 집착하지 않게 되었다.

• • •

끈기형 교사는 자신의 업무와 신념을 인정받을 때 동기가 부여된다. 그런데 이 이야기가 보여 주듯이 마리아에게는 이런 방법이 효과가 없었다. 교사는 마리아가 반응형 학생이며 전인적으로 인정받아야 동기가 생긴다는 것을 깨닫고 마리아의 언어로 이야기했으며 마리아의 감정에 와 닿는 비유를 활용했다. 마리아는 걸음마를 배우는 아기의 이야기에 공감했다. 교사는 마리아에게 개인적인 관심을 기울여 주고 모든 학생이 그 아이를 좋아한다고 말해 줌으로써 한 걸음 더 나아갔다. 그리고 마리아가 친구들의 수학을 도와주는 마음이 고맙다고도 덧붙였다.

전인적으로 칭찬해 주는 방식은 같은 교실에 있는 다른 유형의 학생들에게는 별 효과가 없을지도 모르지만 마리아에게는 앞으로 나아갈 수 있는 힘이 되어 주었다.

일중독형
– 성취에 대한 인정과
짜임새 있는 스케줄을 원하는 사람

학생의 이야기

　나는 일중독형 성격의 윌이라고 한다. 나는 수업 준비를 위해서 숙제와 교과서를 훑어 보려고 아침 일찍 일어난다. 건강에 좋은 아침 식사를 하고 영양가 있는 점심 도시락을 직접 싸서 정확히 7시 30분에 버스정류장에 도착한다. 버스 기사는 요즘 너무나 제멋대로여서 7시 30분에서 7시 40분 사이에 아무 때나 도착하는데 그렇게 되면 내 스케줄은 엉망이 되어 버린다. 운이 좋으면 7시 55분에 학교에 도착해서 도서실로 갈 수 있다. 그곳에서 나는 친구와 만나 함께 숙제를 검토한다.

　나는 1교시인 영어 수업에 일찍 들어간다. 지난 학기에는 가장 엉성한 영어 선생님을 만났다. 그 선생님은 시험지를 채점하는 데 시간이 너무 오래 걸려서 내가 그 반에서 도대체 어느 정도 하고 있는지 알 수가 없었다. 내가 선생님에게 점수가 어떻게 나왔느냐고 물을 때마다 "왜 그걸 알고 싶니?"라고 되물었다. 상상이 가는가? 내가 왜 알고 싶으냐고? 나는 그 선생님의 무책임함을 더 이상 참을 수 없어서 이번 학기에는 좀 더 짜임새 있고 꼼꼼한 선생님의 반으로 옮겼고 훨씬 편안해졌다. 그 선생님은 학기 초에 강의 요강을 나뉘 주었는데 덕분에 나는 시간을 좀 더 치밀하게 짤 수 있었다. 게다가 각 숙제마다 설명을 덧붙여서 내가 A를 받으려면 무엇을 해야 하는지 정확히 알 수 있게 해 주었다. 그리고 나는 언제든 내 정확한 등수가 어떻게 되는지 알 수 있었다.

2교시는 역사 수업인데 그런대로 괜찮다. 선생님은 무척 많이 배려해 주는 성격이어서 매사에 우리 느낌이 어떤지 물어본다. 나는 느낌이 학교생활이나 성적, 내 목표와 무슨 상관이 있는지 모르겠지만 어쨌든 그냥 주어진 공부를 한다. 시간이 남을 때면 그 수업시간에 다른 과목 숙제도 한다. 초등학교 때 만났던 많은 선생님들이 역사 선생님과 비슷했던 것으로 기억한다. 그런 선생님들은 부드러운 목소리로 이야기하고(누군가에게 화났을 때를 빼고는!) 교실이 편안한 장소가 되도록 노력하고 우리가 사이좋게 지내는지 염려한다. 때로는 선생님들이 그런 면에만 지나치게 신경 쓰다가 게시판에 그날의 스케줄을 붙여 주지 않을 때도 있는데 그러면 나는 하루 종일 기분이 나빴다. 그런 선생님들이 제일 좋아하는 수업방식은 협동학습인 것 같다. 나는 내가 원하는 방식으로 혼자 공부하는 게 더 좋다. 나는 그룹에 속했을 때 좀 나서는 편이다. 결국은 언제나 작업의 대부분을 나 혼자 떠맡게 된다. 다른 학생들이 빈둥거려서 속상하거나 그 아이들이 과제를 시간 내에 못 마칠까 봐 걱정될 때면 나는 더욱 그런 성향을 보인다. 내가 책임을 맡게 되면 다른 구성원들도 가능한 한 최선을 다하게 만들어 보려고 애쓴다.

나는 고1 부회장을 맡고 있기 때문에 동창회 때 진행될 각 행사의 담당자들을 적어 넣은 조직도를 교무실에 갖다 놓기 위해서 2교시와 3교시 사이에 아래층으로 뛰어 내려갔다. 간식부터 음악에 이르기까지 모든 것이 완벽한 상태로 정각에 진행되어야 하기 때문에 모든 사람이 각자 맡은 바를 다하고 있는지 확인하기 위해서 나는 게임과 댄스 두 행사에 모두 참석할 예정이다!

3, 4교시는 내가 가장 좋아하는 수업 중 하나인 선행 생물이다. 대체로 고1 학생은 선행 과목을 들을 수 없게 되어 있지만 나는 수업을 듣기 위해서 자격시험을 치를 수 있는지 알아보았다. 자격시험이 정말 있었던 것 같지는 않지만 한 선생님이 시험 문제를 냈고 나는 그 시험에 통과해서 수업을 들을 수 있게 되었다. 그 수업을 따라가려면 정말 열심히 공부해야 하지만 잘하고 있다. 어려운 수업이고 선생님은 정말 똑똑하다. 나는 그 선생님을 존경한다. 우리는 과학박람회를 위해서 요즘 프로젝트 준비 중이다. 나도 참가할 생각이며 상을 타고 싶은데 안 되면 좋은 평이라도 받고 싶다. 나는 이미 대입 준비를 위해서 고등학교 생활을 담은 자료집을 만들기 시작했는데 그 안에 학업 성취로 받은 상을 많이 포함시킬 수 있었으면 좋겠다.

나는 점심시간에 대학에 관련된 모든 자료들이 비치되어 있는 상담실에 가는 것을 좋아한다. 어떤 학교에 지원할지 알아보려고 여러 대학에 관한 자료를 읽기 시작했다. 나는 장학금, 학비, 입학 자격 같은 내용을 넣어서 관심 있는 대학들을 한눈에 볼 수 있는 도표를 만들었다. 대학 과목들은 정말 흥미로워 보인다! 고등학교에 다니는 동안 더 많은 선행 과목을 들어서 대학에 가면 좀 더 고급 과목을 들을 생각이다.

5교시에는 모든 고1 학생들에게 필수인 미국 정부라는 과목을 들었다. 정말 쓸데없는 과목이다! 정부가 어떻게 돌아가는지는 신문이나 시사잡지를 통해서도 알 수 있다. 어쨌든 이런 내용은 이미 중2 때 배웠다. 다른 '잡동사니' 과목들이 다 그렇듯이 미국 정부 수업은 고급 과목이 개설되지 않는다. 그 수업에 들어오는 몇몇 학생들은 정말로 게으르다! 그저 남자친구, 여자친구 이야기나 하고 그 중에서도 가장 멍청한 놈들은 일부러 의자에서 굴러 떨어지기도 하며 선생님에게 냉소적인 말이나 던지는 등 아주 유치하게 행동한다. 나는 공부에 도통 관심이 없는 학생들을 데리고 수업을 해야 하는 선생님이 아주 딱하다고 느낀다. 내가 처리해야 할 고1 학생회 일이나 영예학생 단체와 관련된 일이 있으면 대체로 그 수업시간에 해치우려고 한다. 선생님은 내가 딴 일을 해도 잘 봐 준다. 선생님은 내가 그 수업에 아예 들어오지 않더라도 제일 잘할 수 있다는 사실을 알고 있다.

6교시는 수학이다. 수학은 상당히 어렵지만 재미있을 때도 있다. 나는 공식을 생각해 내고 조각이 깔끔하게 들어맞는 모습을 보는 것이 좋다. 중학교 때 이미 고급 수학을 들었기 때문에 지금 수업에는 모두 고2, 고3 학생들만 있다. 나는 그래도 좋은 점수를 받는다. 선배들은 날 별로 좋아하는 것 같지 않다. 내가 발표를 잘하거나 시험에서 A를 받아 선배들을 무안하게 만들기 때문인 것 같다. 어떤 선배는 내가 이번 채점 기간 안에 과제물을 모두 제출한 유일한 학생이었다고 욕을 하기도 했지만 난 상관하지 않는다. 나는 내 목표가 무엇인지 알고 있고 그 목표에 도달하기 위한 길을 가고 있을 뿐이니까.

방과 후에는 축구 연습을 하기 위해서 학교에 남는다. 준 대표팀이긴 하지만 그래도 이 팀에 낄 수 있어서 자랑스럽다. 아직까지는 전승을 거두고 있다. 우리는 정말 훌륭한 팀이며 코치가 아마도 나를 팀의 공동 주장으로 임명할 것 같다. 그렇게 되면 시합을 주선하고 팀을 훈련시키며 심판하는 일을 돕게 될 것이다.

저녁식사 시간에 정확히 맞춰서 집에 돌아왔다. 부모님과 나는 주로 최근에 있었던 사건들에 대해서 이야기를 나눈다. 나는 학교에서 내가 한 일을 이야기하고 부모님은 직장에서 어떻게 하루를 보냈는지 이야기한다. 식사 직후에는 숙제를 시작한다. 어떤 때는 네댓 시간쯤 해야 마칠 수 있는 숙제가 있지만 어차피 저녁에 숙제 말고 뭘 하겠는가? 가끔 숙제가 별로 없는 날은 편안하게 〈뉴스위크〉를 읽기도 하지만 그런 일은 아주 드물다. 최근에는 몇몇 여학생이 내게 전화를 걸기도 했지만 숙제에 방해가 되기 때문에 길게 통화할 수가 없다. 그 아이들은 누가 누구를 좋아한다든지, 내가 그들에 대해서 어떻게 느끼느냐는 따위의 한심한 이야기를 하고 싶어 한다. 난 그런 이야기로 방해받을 수는 없다. 그렇지만 역사 수업을 듣는 학생들 중 관심이 가는 여학생이 한 명 있기는 하다. 나는 그 아이와 데이트를 하게 되면 무슨 이야기를 할 것인지 목록을 만들어 놓았다. 어쩌면 함께 공부하는 데이트를 하자고 전화를 하게 될지도 모르겠다.

일 중 독 형 학 생 의 특 성

일중독형은 천성적으로 논리적이고 책임감이 강하고 조직적이다. 일중독형은 북미 인구의 25퍼센트를 차지하며 일중독형 학생들의 75퍼센트는 남학생이고 나머지 25퍼센트가 여학생이다.

일중독형은 대체로 훌륭한 학생들이며 교사는 이런 학생들과는 거의 문제를 겪지 않는다. 사실 주의력결핍장애와 성격유형에 관한 한 연구에 따르면 일중독형 학생들은 교실에서 주의력과 관련된 문제를 일으킬 소지가 가장 적은 유형이다. 또 과제를 시간 내에 훌륭하게 마칠 수 있는 학생들이다. 이 학생들은 대체로 스케줄을 알고 있으며 자신의 시간을 빈틈없이 조직하고 싶어 한다. 이들에게는 성적과 노력에 대한 인정이 중요하다. 만약 일중독형 학생이 학습장애나 발달장애를 가지고 있거나 학업 면에서 인정받지 못한다면 학교는 몹시 괴로운 장소가 될 수 있다.

다행히도 일중독형 학생들은 교사들, 특히 전형적인 중·고등학교 교사들과 많은 성격 특성을 공유한다. 그들은 학교를 진지하게 받아들이며 학교가 자신의 목표에 도달하는 수단이 된다고 여긴다. 대부분의 일중독형 학생들은 학습을 즐기며 지속적인 자극을 받기 위해서 어려운 과목을 스스로 선택한다.

일중독형은 나름대로 조직적인 체계를 구성한다. 칸이 있는 공책을 사용하거나 색깔별로 분류된 파일, 휴대용 컴퓨터, 그리고 한 개 이상의 수첩을 쓰고 있을 것이다. 그들은 동시에 여러 가지 작업을 할 수 있으며 달력, 알람, 이메일 접속 기능이 내장되어 있는 디지털 다이어리나 시계처럼 시간을 절약해 주고 효율을 높여 주는 기구에 관심이 많다. 그들은 성취했을 때 인정이라는 보상을 받을 수 있는 어려운 일을 즐긴다. 시간제한이 있는 과제는 과제를 신속하게 끝낸 것에 대해서도 인정받을 수 있기 때문에 좋아한다. 상, 상패, 시상식, 좋은 성적, 자격증, 칭찬이 담긴 편지 같은 것들이 일중독형 학생들에게 도움이 된다. '훌륭한 학업', '탁월한 보고서' 또는 '뛰어난 아이디어' 같은 언급만 들어도 하루를 신바람 나게 보낼 것이다.

일중독형은 정해진 일과를 좋아해서 스케줄이 변경되면 당황한다. 수업, 회의, 연습, 심지어는 식사까지도 정해진 시간에 진행되기를 기대한다. 강의 요강 등이 사건의 진행을 예측할 수 있도록 도와주고 안정감을 줄 것이다.

일중독형 학생들은 집단토의와 논쟁을 통해서 자극받기도 하지만 혼자 과제를 수행하는 것을 더 좋아한다. 그룹에 속한 일중독형 학생은 너무나 자주 과제를 도맡게 되고 다른 학생들이 자신의 기준에 미치지 못할 때 초조해한다. 이들은 과제를 마감 시간 전에 훌륭하게 마치고 싶어한다. 일중독형은 사실을 다루는 공부를 좋아하고 수학, 과학, 역사, 컴퓨터 응용 같은 구체적인 과목에 끌린다.

일중독형 학생은 수업 분위기를 망치는 학생을 싫어한다. 수업이 시간 낭비라고 생각되면 답답해하며 다른 할 일(친구에게 이메일을 보내거나 책을 읽거나 숙제를 하는 등)을 찾아낸다.

일중독형 학생들은 공부에 전념하기 때문에 공부벌레 같은 별명을 얻게 된다. 이 학생들은 시사잡지, 역사서적, 과학서적 등을 읽거나 텔레비전에서 교육 프로그램을 보는 것을 여가라고 생각한다. 성취를 인정받고 짜임새 있게 시간표를 조직하고 싶어 하는 일중독형 학생의 욕구를 충족시켜 주는 방법에 대해서는 표 3.1을 참조하기 바란다.

표 3.1_일중독형의 욕구 : 성취에 대한 인정과 짜임새 있는 스케줄

일중독형 학생을 도와주는 방법
- 그날의 스케줄을 게시한다
- 마감 시간을 명시한 과제를 준다
- 성취를 인정하고 상을 준다
- 장기 프로젝트에는 일정표를 제공한다
- 학생이 목록을 작성하고 완료된 항목은 지울 수 있도록 해 준다
- 기술을 습득할 수 있는 수업을 듣도록 장려한다
- 신속하게 채점해서 돌려준다
- 모든 과제에 점수를 매기고 의견을 달아 준다
- 잘한 과제를 게시판에 전시해 준다
- 학생의 성취를 교사나 친구들과 함께 나누도록 장려한다
- 일기를 쓰도록 장려한다

- 교사 재량으로 학급 내에서 주는 상을 만든다
- 그들의 아이디어를 경청하고 격려해 준다
- 설명하거나 가르치는 '조교'가 되게 해 준다
- 다른 학생들의 멘토가 되도록 장려한다
- 중요한 일을 잘 마쳤으면 스스로에게 자격증을 주도록 장려한다
- 즉각적인 개선을 눈으로 볼 수 있고 보상받을 수 있는 영역에서 일할 수 있게 해 준다
- "넌 그렇게까지 완벽하지 않아도 이미 훌륭해"라든지 "넌 성공할 자격이 있어"라는 말을 해 준다

교사의 이야기

이 이야기는 반응형 교사인 존슨과 일중독형 학생인 트랜 사이의 오해를 보여 준다. 교사가 의사소통의 채널을 바꾸고 일중독형 학생의 욕구를 충족시켜 주면서 트랜이 스트레스에서 벗어날 수 있도록 도와주게 된다.

• • •

트랜이 교실에 들어왔을 때 나는 활기차게 "좋은 아침!"이라고 인사했지만 그 아이는 "존슨 선생님, 오늘 시험지를 되돌려 주시나요?"라고 무뚝뚝하게 대답했다. 나는 몇몇 학생이 결석을 해서 아직도 시험을 치러야 하기 때문에 시험지를 되돌려 줄 수 없다고 대답했다. "그렇다면 점수라도 볼 수 없을까요?" 나는 할 수 없이 어제 고양이가 아파서 동물병원에 데리고 가야 했기

때문에 사실은 채점과 기록을 마치지 못했다고 털어 놓으며 채점 기간이 끝나기 전에 마치겠다고 약속했지만 트랜은 화가 나서 자리로 돌아갔다. 나는 "착한 트랜, 넌 정말 성실하고 진지하구나. 보나마나 시험을 아주 잘 봤을 거야"라는 말로 안심시켜 주었지만 트랜은 나를 노려보았다.

트랜은 내가 맡은 고급 대수 과목에서 가장 뛰어난 학생이다. 그 아이는 논리적이고 조직적이며 배운 것을 다른 상황에 응용할 줄 안다. 그날 다음 과로 넘어가기 전에 학생들을 몇 그룹으로 묶어 복습 차원에서 열 문제를 풀 계획이었다. 나는 학생들이 원하는 대로 문제를 나눠서 풀되 그룹 내의 모든 학생이 각 유형의 문제를 꼭 다 이해할 수 있도록 하라고 말했다.

학생들이 문제 풀이를 시작하고 나서 나는 점수를 기록했다. 트랜은 아주 잘해서 반에서 최고점을 받았다. 바로 그때 한 테이블에서 소동이 일어났다. 나는 트랜이 "우리가 각자 두 문제씩 푼다는 건 정말 멍청한 짓이야. 나는 너희보다 우수해서 너희가 두 문제를 풀기도 전에 나 혼자 열 문제 모두 풀 수 있어. 이건 정말 굉장한 시간 낭비야"라고 말하는 것을 들을 수 있었다. 그때 내가 끼어들어서 트랜에게 물었다. "트랜, 뭐가 문제지?" 그 아이는 "우리가 시험문제를 되돌려 받아서 각 유형의 문제를 어떻게 풀었는지 보는 게 훨씬 쉬웠을 거예요. 게다가 우리 그룹에 있는 애들은 아무도 누가 어떤 문제를 풀지, 각 과제에 얼마만큼의 시간을 배당해야 할지, 언제까지 끝내야 할지 모른다고요"라고 대답했다.

그 시점에서 나는 트랜에게 내 수업시간에 훌륭하게 해내고 있는 것에 대해서 어느 정도 인정해 주는 것이 좋겠다고 판단했다. 그래서 트랜에게 방금 채점을 마쳤으며 반에서 최고점을 받았다고 이야기해 주었다. 나는 트랜이 얼마나 훌륭한 학생이며 그룹에 있는 다른 학생들에게 얼마나 많은 도움을 줄 수 있는지 말해 주고 그룹에 있는 학생들이 문제를 모두 이해할 수 있도록 책임지고 봐 달라고 부탁했다. 그리고 15분이 지난 후에 내일 할 숙제를 알려주겠다고 덧붙였다. 트랜은 얼굴에 자신감 넘치는 미소를 띠고 자기 그룹으로 돌아갔으며 즉시 그룹 내의 친구들이 문제 푸는 것을 도와주었다.

* * *

사람들은 자신이 자극받고 싶은 방식으로 다른 사람들에게도 동기를 유발해 주려고 애쓰게 된다. 이 이야기에서 교사는 인간으로서 인정받고 싶은 욕구를 가진 반응형 성격이다. 그래서 자신이 좋아하는 채널의 언어 즉, 보살핌형의 언어를 사용해서 트랜에게 동기를 부여하려고 했다. "착한 트랜"이라고 부르는 것은 그 학생에게 자신이 인간적으로 그를 좋아한다는 사실을 알려 주려는 교사 나름의 방법이다. 그러나 트랜은 보살핌형 채널에 열려 있지 않았고 인간적인 인정을 받는다고 동기가 부여되지 않았다. 오히려 이런 말은 그의 신경을 긁는다. 결과적으로 그는 스트레스를 받았고 선생님을 노려본다. 일중독형 인간으로서 그의 동기는 자신이 한 일에 대해 인정받는 것이다. 다른 학생들보다 자신이 똑똑하다고 자랑하는 행동은 자신이 성취한 일로 인정받고 싶은 트랜의 욕구가 충족되지 못했음을 교사에게 알려 줄 수 있는 일종의 증상인 셈이다. 교사가 이 사실을 눈치 챘을 때 그녀는 트랜이 좋아하는 채널로 바꿔서 그의 성취를 인정해 주었다. 그러자 그의 부정적인 행동이 중단되었다. 그의 태도는 협조적으로 바뀌었으며 다른 학생들을 의기소침하게 만드는 대신 자신이 가진 우월한 기술을 다른 학생들을 돕는 데 사용하기 시작했다.

끈기형
– 성취에 대한 인정과
신념의 존중을 원하는 사람

학생의 이야기

　나는 끈기형 학생인 폴이다. 아침에는 언제나 정해진 시간에 일어난다. 나는 삶을 아주 진지하게 받아들이는 편이다. 또 무덤에 들어가면 잘 시간이 충분히 있을 것이라는 벤자민 프랭클린의 말에 동의한다. 나는 모든 사람이 학교에 다닐 기회를 가져야 한다고 생각하며, 그렇기 때문에 매일 학교생활을 기대한다. 내 몸을 잘 관리하는 것이 중요하다고 생각하므로 세수를 하고 양치질을 하고 옷을 입고 아래층에 내려가서 아침을 먹는다. 아침식사가 끝나면 책과 준비물을 챙겨서 학교까지 걸어간다.

　엄마가 내 아침식사와 점심 도시락을 준비해 준다. 엄마가 만드는 음식이 언제나 맛있는 건 아니지만 그래도 엄마가 만들었기 때문에 꼭 먹는다. 그리고 음식을 버리면 안 된다고 믿는다. 내가 초등학교에 다닐 때는 엄마가 입을 옷을 골라 주었다. 이제는 고등학생이 되었기 때문에 내 옷은 내가 골라 입는다. 언제나 학교 갈 때까지 시간이 넉넉하기 때문에 느긋하게 영양가 있는 아침을 먹는다. 때로는 동생들이 화장실을 너무 오래 차지해서 시간이 좀 걸릴 때도 있다. 그래서는 안 되는 일이지만 혹시 그렇게 되더라도 내가 지각하는 일은 없다.

내가 초등학교에 다닐 때 선생님은 나를 교내 순찰대에 추천해 주었다. 내가 성실하고 믿음직스러웠기 때문인지 순조롭게 뽑힐 수 있었다. 나는 순찰대 임무를 진지하게 받아들였으며 언제나 제시간에 갔다. 내가 어떤 일을 하겠다고 말하면 난 꼭 한다. 수업 시작 종이 울릴 때까지 순찰대 일을 했기 때문에 난 항상 수업에 늦게 들어갔지만 그건 양해 받을 수 있는 지각이었다.

고등학교에 들어와서는 토론 팀의 리더를 맡고 있다. 우리가 각자 의견을 내놓고 판사와 청중들에게 우리의 입장이 옳다는 것을 설득시켜야 한다는 점에서 토론은 내가 특별히 흥미를 느끼는 분야다. 내가 무엇인가에 신념을 가지면 나는 그 신념과 관련된 활동에서 지도자가 되는 경우가 많다. 예를 들어, 나는 우리보다 불우한 사람들을 도와야 한다고 믿는다. 그래서 전쟁을 겪고 있는 나라의 사람들을 위해 이불과 아기 옷을 모으자고 제안했다. 선생님은 좋은 계획이라며 내게 책임을 맡겼다.

어떤 사람을 진정한 친구라고 부를 만큼 믿게 되려면 시간이 많이 걸리기 때문에 나는 친구가 많지 않은 편이다. 우리 학급에 있는 아이들은 대부분 괜찮은 편이지만 후안을 빼고는 아무와도 특별히 가깝게 지내지 않는다. 나는 후안만큼은 완전히 믿는다. 우리는 아침 일찍 도서실에서 만나 관심 있는 것들에 대해 이야기한다. 나는 우리 학교에 있는 아이들 중 몇몇은 정말 멍청이라고 생각한다. 대체로 그런 아이들이 나를 괴롭힌다. 나는 그 아이들에게 그만 하라고 말하지만 내 말을 듣지 않는다. 그럴 때면 그냥 무시해 버린다. 나는 많은 아이들과 잘 어울리지는 못하지만 별로 상관없다. 내가 꼭 무리에 속해야 할 필요는 없다고 생각하기 때문이다.

내가 알고 지내는 친구들은 보이스카우트나 승마 교실에서 만났다. 승마와 스카우트는 내가 제일 좋아하는 두 가지 활동이다. 승마는 나와 말이 일대 일로 접촉하기 때문에 좋아한다. 내가 말을 밀면 말도 나를 민다. 그건 우리 둘 중 누구의 의지가 더 강한지를 결정하는 의지의 싸움이다. 강사는 타기 어려운 고집 센 말을 계속 내게 맡기면서 도전하게 만든다. 나는 그런 말들을 잘 타고 말겠다는 굳은 결심을 가지고 있다.

나는 스카우트활동에도 전념하고 있다. 초등학교에 다닐 때는 학교에 갈 때 보이스카우트 단복을 입고 가는 게 무척 자랑스러웠다. 나는 전날 옷을 반드시 준비해 놓곤 했다. 나는 가족이나 스카우트단원들과 캠핑과 등산을 다닌 경험이 아주 많다. 어려운 상황에 처했던 경험이 많기 때문에 내가 해결할 수 없는 일은 없다고 믿는다. 나는 스카우트활동을 좋아하고 열심히 노력해서 이글스카우트(21개 이상의 공훈 배지를 받은 보이스카우트 단원)까지 되었고 단장도 맡았다. 성당에서는 복사로 봉사하며 나보다 어린 아이들을 가르치는 주일학교 반사도 한다.

주중에는 승마나 스카우트활동에 참여하기 때문에 상당히 바쁘다. 그런 후에 집에 가서 숙제를 한다. 때때로 동생을 돌봐야 할 때도 있는데 우리가 보드게임을 할 때면 동생은 종종 속임수를 쓰려고 해서 나는 규칙을 지키는 것이 얼마나 중요한지 계속 설명해 주어야 한다. 때때로 동생은 화를 내면서 판을 엎어 버리기도 한다. 나는 동생에게 무엇이 옳은지 가르치는 것이 형으로서의 책임이라고 믿기 때문에 계속 가르친다.

학교에서는 매우 잘하는 편이다. 내가 좋아하는 과목은 과학, 수학, 읽기와 사회다. 외국어는 좀 어렵다. 과학 선생님들 중에는 속성과 분자 등을 설명하는 동안 간단한 실험을 해서 수업을 흥미롭게 진행하는 분들도 있다. 때로는 우리가 조심하지 않으면 어떤 일이 벌어지는지 보여 주기 위해서 일부러 실험을 망쳐 놀라게 할 때도 있다. 이런 종류의 실험은 지시를 따르고 일을 제대로 하는 것이 얼마나 중요한지를 보여 주기 때문에 매우 인상적이다. 나는 뭐든지 할 만한 가치가 있는 일이라면 제대로 해야 한다고 믿는다.

초등학교 때 우리는 아침시간에 할 과제를 받곤 했다. 내 생각에는 선생님들이 출석을 점검하고 우유 대금을 걷거나 급식을 먹을 인원을 점검하는 동안 우리가 무엇엔가 몰두하게 하려고 과제를 내는 것 같았다. 그런 숙제들은 언제나 쉬웠기 때문에 나는 대개 아주 빨리 끝내곤 했지만 왜 그것을 해야 하는지 그 가치는 깨달을 수 없었다. 나는 좀 더 어려운 프로젝트나 숙제를 더 좋아했다.

나는 권위와 규율을 존중한다. 규칙이 중요하다고 생각하기 때문에 대체로 잘 지키는 편이다. 그리고 다른 사람들이 규칙을 잘 안 지키면 화가 난다. 초등학교에 다닐 때 나는 운동장에서 지켜야 할 규칙을 잘 안 지키는 아이들에게 규칙을 설명해 주곤 했다. 그 때문에 나한테 화를 내는 아이들도 있었지만 그건 상관없었다. 그때나 지금이나 나는 모든 학생들이 규칙을 이해하고 따르는 것이 중요하다고 믿는다. 때로는 아이들이 내게 "귀찮게 굴지 말라"고 말하기도 했다. 그렇지만 자신의 신념을 지켜 냄으로써 존경받는 것이 더 중요하다고 생각하기 때문에 그런 아이들의 말에 마음 쓰지 않았다.

나는 조용한 편이며 교실에서 거의 나서지 않는다. 초등학교와 중학교 때 선생님들은 부모님에게 내가 답을 알고 있는 건 분명히 알겠는데 발표하지 않기 때문에 점수를 줄 수 없다고 이야기하곤 했다. 부모님은 내게 발표를 해 보라고 했고 한때는 그러려고 노력해 보기도 했지만 자신을 선생님 앞에 내세우는 것이 꼭 필요하다고 생각하지는 않는다. 나는 내용을 알고 있다는 것으로도 충분하다고 생각했다.

나는 새로운 환경에 처하게 되면 사태를 파악하고 어떻게 끼어들어야 하는지 감을 잡을 때까지 상황을 살펴보는 편이다. 예를 들어, 새로운 선생님이 오면 나는 다른 학생들이 어떤 행동을 할 때 선생님이 어떻게 반응하는지 일단 지켜본 후 그 수업시간에 어떻게 처신할지를 결정한다.

나는 혼자 공부하거나 그룹으로 공부하는 것 모두 괜찮지만 혼자 하는 것을 더 좋아한다. 혼자 공부할 때는 내가 원하는 것을 원하는 시간에 할 수 있다. 친구들과 함께 할 때면 친구들이 내가 정리해 놓은 자료를 이용할 때도 있고 내 작업 속도가 떨어지거나 이미 알고 있는 내용을 다시 공부하게 되기도 한다.

나는 성적이 나를 표현해 주기 때문에 중요하다고 생각한다. 성적은 내가 그 과목을 숙지했는지 측정해 주며 최선을 다했는지 스스로 알아볼 수 있는 방법도 된다. 잘 이해하지 못하는 친구에게 내가 설명해 줄 수 있을 정도가 될 때까지 그 과목을 완전하게 이해하는 것이 내게는 중요하다. 게다가 내 성적이 나쁘면 부모님은 승마나 스카우트활동을 못하게 할 것이다. 금년에 좋은 성적을 받고 싶은 또 하나의 이유는 그래야 내년에 고급 과목을 들을 수 있기 때문이다. 고급 과목은 대학에 갔을 때 도움이 된다. 성적을 잘 받기 위해서 나는 열심히 공부할 것이다. 내 장점 중 하나는 어떤 일에 착수하면 그 일을 끝낼 때까지 포기하지 않는다는 것이다. 나는 숙제를 할 때나 내가 관심 있는 모든 일을 할 때 그런 태도로 임한다.

끈기형 학생의 특성

끈기형은 헌신적이고 빈틈없으며 성실하다. 그들은 자신이 가지고 있는 견고한 신념과 의견을 통해서 세상을 받아들인다. 끈기형은 북미 인구의 10퍼센트를 차지하고 있으며 그 중 75퍼센트가 남성, 나머지 25퍼센트가 여성이다. 그들은 대체로 순응하는 성향이기 때문에 교실에서 거의 문제를 일으키지 않는다. 이들의 장점은 어떤 과제가 완료될 때까지 매달릴 수 있는 능력, 자신이 믿는 것에 반대가 따르더라도 무시할 수 있는 성향, 친구들에 대한 성실성 같은 것들이다. 이런 학생의 말은 계약서나 다름없기 때문에 누군가가 그 사람의 정직성에 의문을 제기하면 몹시 불쾌해한다. 그들은 종종 지도자 역할을 하며 대부분의 상황에서 약한 모습을 드러내지 않는다.

끈기형은 옷을 단정하게 입으며 복장 예절을 잘 지킨다. 자신의 신념과 의견을 인정받을 수 있는 상황을 만들어 주면 기꺼이 참여하고 자신이 아는 것을 보여 주려고 한다. 자신이 중요하다고 생각하는 영역 그리고 자신의 신념이나 의견을 손쉽게 나눌 수 있는 영역에 흥미를 보이며 두각을 나타낸다. 자신이 좋아하는 과목에서는 높은 성적을 받는 편이다.

끈기형은 모든 것을 잘하고 싶어 하기 때문에 상대방이 자신에게 기대하는 바가 무엇인지 분명하게 전달해 주고 해당되는 규칙들을 파악할 수 있게 해 주기를 원한다. 그렇기 때문에 규칙이 명료할 때 편안해한다. 그들은 자신이나 다른 사람이 항상 최선을 다하기를 바라기 때문에 사태가 올바르게 진행되지 않고 있을 때 심한 비판을 할 수도 있다.

끈기형이 새로운 상황을 맞게 되면 그들은 그곳에서 통용되는 규칙을 이해하고 자신에게 기대되는 바가 무엇인지 파악하기 위해 한 발 물러서서 사태를 관망한다. 일단 자신이 그 상황에 어떻게 끼어들 수 있을지 파악하고 난 후에야 상황 속으로 합류한다. 교제 범위가 넓지 않으며 교실에서 특별히 인기가 많지도 않지만 신뢰하고 마음을 터놓을 수 있는 친구 한두 명은 있다. 대체로 이런 친구들은 그가 가진 흥미와 신념을 공유한다. 이들의 우정에는 친구가 곤란할 때 지원해 주겠다는 헌신이 뒤따른다. 어떤 학생들은 끈기형의 우두머리 행세를 하려는 태도, 자기 식대로 하려는 고집스러움, 규칙에 얽매이는 경직성에 질려 한다. 끈기형은 혼자 또는 소규모로 작업할 때 가장 잘할 수 있다. 그룹의 일원이 되는 것은 그들에게 중요하지 않다.

끈기형 학생은 그가 가진 신념이 존중되어야 한다. 그들은 어떤 일이 중요하거나 가치 있다고 여기기 때문에 일을 마치겠다는 동기를 유지할 수 있어야 한다. 잘 완수한 일에 대해서 인정받는 것은 좋아하지만 칭찬을 듣는 것이 그리 중요하지는 않다. 그들은 스스로를 칭찬할 수 있기 때문이다. 그렇지만 지역 봉사와 관련된 인증서를 받거나 어려운 과업을 완수했다고 인정받는 것은 중요하게 여긴다. 그들은 가치 있는 일은 잘해야 한다고 믿으며 완벽을 추구한다. 그들은 더 잘할 수도 있었다는 사실을 알기 때문에 칭찬을 잘 받아들이지 않는 편이다.

끈기형은 도전에 이끌리기 때문에 자신의 이상을 위해서 열심히 할 기회를 제공하는 과목에서 잘한다. 예를 들어, 봉사 프로젝트나 취미활동 또는 자신의 이상 등을 주제로 하는 토론이나 논쟁에 참여하게 하면 대개 그 프로젝트가 완료될 때까지 끈기를 보인다.

이런 학생들은 명백하거나 암묵적인 규칙에 매우 민감하며 다른 사람들이 규범을 따르지 않으면 실망한다. 어린 아이들에게서는 이러한 성향이 급우를 고자질하거나 친구들 사이에서 우두머리 행세를 하려는 행동으로 나타난다. 좀 더 큰 학생들은 다른 사람들을 나무라거나 지시하기도 한다. 그리고 자신의 가치관을 공유하는 사람들과 함께 뒤에서 욕을 할 수도 있다.

끈기형은 책임감 있는 행동을 높이 평가한다. 그들은 다른 사람들의 선망과 존경을 기쁘게 받아들인다. 끈기형 학생들은 규범을 일관성 있게 지키도록 해 주고, 그들이 흥미를 느끼는 주제를 선택하고, 그들의 헌신을 칭찬해 주고, 그들의 의견과 신념을 존중해 주면 교실에서 잘 지낼 수 있다. 표 4.1은 끈기형을 자극할 수 있는 몇 가지 방법들을 제시한다.

표 4.1_끈기형의 욕구 : 성취에 대한 인정과 신념의 존중

끈기형 학생을 도와주는 방법

- 그들을 존중해 준다
- 정직성과 성실성을 장려하고 보상해 준다
- 의견을 묻고 그들의 의견을 경청한다
- 잘못된 말을 하지 않는 이상 그들이 말하는 것을 믿어 준다
- 정치와 시사문제에 대해 토론한다
- 지역 사회 봉사활동에 참여하게 한다
- 중요한 논점에 대해서 언론 분야의 편집인에게 편지를 쓰도록 장려한다
- 학생 선거에 참여하도록 격려한다
- 다른 학생의 멘토가 되어 주거나 과외 교사가 되도록 장려한다
- 매년 '나의 가장 중요한 열 가지 목표'를 작성하게 한다
- 그들에게 모범이 되어 준다
- 그들이 완벽할 것이라고까지는 기대하지 않는다
- 인권, 환경 등 중요한 안건을 다루는 프로젝트를 맡긴다
- 급우들의 중재자 역할을 하도록 격려한다
- 자신의 논리를 친구들과 함께 나누도록 격려한다

- 윤리적인 쟁점에 대해 토론할 수 있는 상황을 조성해 준다
- 자아 평가의 기회를 준다

교사의 이야기

이 이야기는 일중독형 교사와 끈기형 학생 사이에서 일어난 오해를 보여 준다. 교사가 끈기형 학생의 욕구를 만족시켜 주자 그 학생은 스트레스에서 벗어날 수 있었다.

• • •

제이슨은 내가 맡은 중3 생물 수업을 들었다. 그 아이는 언제나 숙제를 잘 해 오고 실험실 과제를 할 때도 지시에 잘 따르는 성실한 학생이다.

수업 첫날 제이슨은 자신의 실험 파트너가 절차를 따르지 않는다며 자리를 바꿔 줄 수 있겠느냐고 물었다. 또 언젠가는 이런 일도 있었다. 그날은 학생들이 그룹별로 다섯 가지 생물계에 관한 포스터를 만들고 있었다. 각 그룹마다 생물계가 하나씩 배정되었다. 자신의 그룹이 맡은 생물계에 속하는 생물체들을 그리고 그 생물체의 명칭을 표시하고 짤막한 설명을 덧붙여서 포스터를 함께 만드는 작업이었다. 프로젝트를 시작하고 20분 정도 지났을 때 제이슨이 내게 와서 자신의 그룹에 있는 한 학생이 제대로 하고 있지 않다고 말했다. 그는 이런 학생이 자신의 그룹에 속해 있다는 사실이 공정하지 않다며 이 학생 때문에 나머지 학생들의 성적에 나쁜 영향이 있을까 봐 걱정된다

고 했다. 그는 자신과 나머지 학생들은 그룹으로 작업하게 해 주고 그 학생만 빼 달라고 했다.

　나는 그 학생이 제이슨의 성적에 영향을 주지는 않을 것이라고 안심시켜 주고 어떤 학생도 그룹에서 제외시킬 수는 없다고 설명했다. 그러나 프로젝트를 제대로 하고 있지 않은 학생이 과제와 요구사항을 이해할 수 있도록 이야기하겠다고 했다. 나는 또 그 학생이 이해하지 못하는 부분을 설명하는 책임을 제이슨이 맡아 주면 어떻겠느냐고 제안했다.

　제이슨은 자리로 돌아가서 작업을 계속했다. 나는 그 학생을 불러 이야기를 나누었고 그 학생도 그룹으로 되돌아가서 프로젝트를 좀 더 정확히 할 수 있었다. 나는 제이슨이 인내심을 가지고 그 친구와 작업하는 모습을 볼 수 있었다.

● ● ●

　제이슨은 스트레스를 받고 있던 끈기형 학생이다. 그는 자신의 성취와 신념을 인정받을 필요가 있다. 끈기형은 과제를 진지하게 받아들이며 다른 사람들이 그렇게 하지 않을 때 곤란해한다. 이 이야기에서 제이슨은 다른 학생이 자신처럼 진지하지 않기 때문에 불편해했다. 교사는 이 사실을 깨닫고 제이슨이 한 일을 인정해 준 후 그가 가지고 있는 성실함에 대한 신념을 활용해서 그룹의 리더 역할을 맡기고 다른 학생들에게 동기를 부여해 주라고 제안했다.

chapter

05

몽상형
— 명확한 지시와 고독을 원하는 사람

학생의 이야기

　나는 몽상형 성격을 가진 도리스다. 나는 생각이 깊고 상상력이 풍부하며 조용하다. 나는 주중에는 아침이면 언제나 피곤하고 짜증이 나며 일어나기가 힘들다. 일어나면 세수하고 양치질하고 옷을 입고 아래층으로 내려간다. 아침에는 입맛이 없어서 대개는 야채나 으깬 감자 등 전날 남긴 음식을 냉장고에서 찾아 먹거나 수프를 끓여 먹는다.

　내게 학교생활은 괴로운 경험이며 학교 가기 싫은 날도 많다. 나는 하루가 또 얼마나 끔찍할지 걱정하며 어떻게 하면 그대로 사라져 버릴 수 있을지 상상해 보기도 한다. 어떤 날은 학교에 가야 한다는 생각만 해도 속이 울렁거린다. 중학교 때 나는 가짜로 천식 증상을 일으키는 방법을 알아냈고 그 후로는 천식 발작이 일어나는 것처럼 꾀병을 부려서 학교에 안 가기도 했다. 나는 출석일수로 문제를 일으키지 않으면서 결석할 수 있는 날이 며칠이나 되는지 계산해 보고 그런 날들을 하루도 남기지 않고 결석했다. 엄마는 내가 언제나 아프다고 생각한다. 하지만 주말에는 다르다. 학교에 안 가도 되니까 일찍 일어난다. 주말에는 집에서 하고 싶은 것을 할 수 있다.

나는 다른 아이들 눈에는 들어오지 않는 대상이나 아이디어를 상상하고 개념화시킨다. 그래서 사람들은 내가 특이하다고 생각하고 친구들이 나를 놀릴 때도 있다. 나는 우선순위를 잘 정하지 못하기 때문에 한꺼번에 두 가지 이상의 일을 하기가 어렵다. 가끔 어떤 선생님들은 내게 문제가 있다고 생각하고 특별한 도움을 제안하기도 한다. 중학교 때는 일주일에 두 번씩 학교에 남아서 일 대 일 개인지도를 통해 숙제에 도움을 받았다. 어떤 선생님들은 내가 멍청하고 아무 일도 제대로 못할 거라고 생각하는 것 같다.

나는 학교에 도착하면 사물함으로 가서 필요한 물건들을 준비하고 1교시 수업이 있는 교실로 간다. 그리고 벨이 울리고 수업이 시작할 때까지 그냥 앉아 있는다. 책을 읽기도 하고 친구와 함께 있을 때도 있지만 대부분의 경우 그냥 앉아 있거나 돌아다니면서 수업 시작 벨이 울릴 때까지 시간을 보낸다. 친구와 이야기를 할 때는 곧 다가올 행사나, 우리가 무엇을 할 것인가 정도가 화젯거리다.

내가 좋아하는 과목은 선생님이 얼마나 창의적으로 가르치는지, 그리고 얼마나 나의 상상력을 자극해 주는지에 따라 달라진다. 수업을 재미있게 진행하거나 열성적으로 가르치면 그 과목은 잘한다. 하지만 선생님이 그렇게 하지 못할 때는 잘 못한다.

나는 초등학교 때 내가 남과 다르다는 사실을 깨달았고 자주 울곤 했다. 1학년 때 엄마가 선생님에게 내가 자꾸 운다고 상담했더니 선생님은 크면 안 그럴 거라며 신경 쓰지 않아도 된다는 대답을 했다고 한다. 나는 시험에서 좋은 성적을 내지 못하며 특히 사지선다형 문제를 잘 못 푸는데 그 이유는 맞는 답이 없다고 생각하기 때문이다. 그때 내가 좋아했던 과목은 미술과 과학이었다. 4학년 때는 영어와 작문을 좋아했다. 4학년 때 작문 선생님은 창의적인 글짓기를 하도록 격려해 주었고 내 글이 매우 훌륭하다는 의견도 써 주었다. 하지만 5학년 때 작문 선생님은 구문 훈련만 시켰다. 나는 4학년 때 썼던 노트를 계속 사용하고 있었는데 선생님은 지난번 선생님이 노트에 써 준 의견을 보더니 그걸 지우고 좋지 않은 의견을 써 주었다. 그 이후로 나는 학교에서 작문에 별로 시간을 들이지 않게 되었다.

중학교 때 내가 좋아했던 과목은 미술과 독해였다. 미술시간에 나는 한 색깔을 골라서 뭔가 상상력이 담긴 것을 그렸다. 독해시간에는 우리에게 약 30분 정도 읽을 시간이 주어졌다. 아주 편안한 수업이었다. 다른 수업에서는 독창성을 표현하기가 쉽지 않다. 선생님들은 무엇이든 다른 방법으로 해 보려고 하지 않는다. 나는 운동처럼 몸을 움직이는 활동은 싫어한다. 과학 선생님들은 늘 지루하게 수업을 이어가서 너무 재미없다. 중간고사를 볼 때까지는 생물을 배웠기 때문에 A를 받았다. 조직에 관해서 배우고 이해한 것을 구성하는 수업이었다. 두 번째 시험은 많이 외우고 반복해야 하는 내용이었는데 잘 이해하지 못해서 D를 받았다. 나는 선생님이 이치를 설명해 주지 않으면 암기하면서 공부하는 게 어렵다. 외워야 하는 내용을 내게 익숙한 어떤 것과 연결시킬 수 없으면 잘 모르겠다. 느끼든지, 만지든지, 보든지, 맛보는 방법으로 이해하지 않고 기계적인 방식으로 공부하는 건 너무 어렵다. 내가 만약 외워야 할 내용을 가르치는 입장이라면 나는 학생들이 그 내용을 느끼고 이해할 수 있도록 활동을 통해서 가르칠 것이다.

수학은 정말 괴롭다. 때로는 전혀 이해할 수가 없다. 내가 수학에서 잘하는 유일한 분야는 기하다. 나는 도형과 그 관계를 파악할 수 있었고 다른 형태들을 구성할 수 있었으며 개념을 이해할 수 있었다. 그래서 기하에서는 A를 받았다. 하지만 대수는 끔찍했다. 이해되지 않았고 물론 잘하지도 못했다. 아무도 내가 알아들을 수 있는 방식으로 설명해 주지 않았다. 나는 그 과목 이후로 다시는 수학을 선택하지 않았다.

역사는 학생들이 상상력을 동원할 수 있도록 여건이 마련될 때는 가끔 재미있기도 하다. 나는 역사를 공부해야 하는 필요성을 이해하지 못하겠다. 그 과목이 내게 어떤 도움이 되는지 모르겠다. 그렇지만 고2 때 배운 역사는 재미있었다. 선생님이 우리들에게 벤자민 프랭클린과 다른 사람을 비교하는 보고서를 쓰라고 했다. 선생님은 나의 아이디어가 아주 통찰력 있다는 의견을 적어 주었다. 초등학교 시절을 제외하고 선생님이 나를 긍정적으로 인정해 준 것은 그때가 처음이었다. 나는 대학을 졸업하면 교사가 되겠다고 결심했다. 나는 남과 다른 학생들을 이해하고 인정해 주는 사람이 되고 싶다.

나는 가끔 보고서를 시로 쓰기도 한다. 내 상상력이 선생님 마음에 들면 점수가 잘 나오지만 내가 규정을 따르지 않았다고 생각하면 D나 F를 주었다. 내가 받는 성적은 전적으로 선생님의 성향에 달려 있다. 대부분의 학생들은 선생님이 원하는 대로 하지만 난 늘 그러지는 않는다. 나는 내가 선생님이 원하는 것을 하지 않을 때 자신이 복종하고 있지 않음을 안다. 그러면서도 그런 선택을 하는 경우가 있다. 마구잡이로 그러는 건 아니다. 가끔은 결과가 어떻게 되더라도 내 기질과 됨됨이를 분출시킬 수밖에 없는 경우가 있다. 나는 선생님이 창의성을 표현하도록 허락하고 상상력을 활용하도록 격려해 주는 수업에서는 잘한다.

교실에서 작업할 때는 혼자 하는 것을 좋아한다. 초등학교 때는 나 혼자만의 공간을 갖고 싶어서 다른 아이들과 떨어져 있으려고 책상을 옮기곤 했다. 대부분의 선생님들은 책상을 다시 붙이라고 했다. 내가 혼자 작업하려는 모습을 보고 내게 무슨 문제가 있다고 생각했던 것 같다. 나는 다른 아이들에게 둘러싸여 있으면 숨이 막히는 것 같았다. 너무 당황해서 생각도 제대로 할 수 없었다. 그건 마치 벌을 받고 있는 것과 다름없었다.

나는 고등학생이 되면서 여러 사람들과 함께 작업하는 요령을 터득하게 되었지만 아직도 혼자 하는 것을 더 좋아한다. 나는 사이좋은 사람들과는 함께 공부할 수 있지만 사이가 나쁘면 아무 일도 할 수 없다. 그룹으로 작업할 때는 다른 학생들이 나를 자주 따돌린다. 때로는 내 아이디어가 그 아이들 것처럼 훌륭하지 않다는 생각이 들어서 아이디어를 나누고 싶지 않다. 아이들은 내 아이디어를 듣고 싶어 하지 않는다. 그러면서 내가 과제에 적극적으로 참여하지 않는다고 말한다.

난 영어 시간에 발표를 별로 하지 않는다. 선생님은 내가 좀 모자란다고 생각하는 것 같다. 그러나 최근 몇몇 친구들이 내가 시를 이해하는 데 깊은 통찰력이 있다는 사실을 깨닫기 시작했다. 그 아이들은 내게 도움을 청하러 온다. 나는 그럴 때마다 도와준다. 그런데 그 아이들이 수업시간에 내 아이디어를 자기 것인 양 발표하면 선생님은 그 아이들을 똑똑하다고 칭찬해 주는데 참 우스운 일이다. 그럴 때면 난 선생님에 대한 존경심이 사라진다. 또 내게도 정말 문제가 있다는 생각이 든다.

나도 성적을 잘 받고 싶지만 성적은 긍정적인 피드백만큼 중요하지는 않다. 내게 피드백은 그저 "잘했다" 정도가 아니라 좀 더 의미 있는 것이어야 한다. 나는 좋은 성적을 받기 위해서 공부하지는 않는다. 무엇인가를 배우기 위해서 공부한다. 내게 있어서 학습이란 이해와 창조적 작업이 결합된 것을 뜻한다. 나는 새로운 아이디어나 개념을 이해할 때면 영감을 느낀다. 이러한 개념들을 확장시켜서 시를 쓰기도 한다. 미술에서도 새로운 아이디어를 즐겨 탐색한다. 때로는 나만의 만화나 독특한 미술 형태를 만들어 내기도 한다. 나는 또 옷을 디자인해서 만들거나 시를 적어 넣은 카드를 만드는 것도 좋아한다. 나는 창의적이고 새롭고 혁신적인 작업을 좋아한다.

나는 학교에서 리더는 아니다. 아주 조용한 학생이며 어떤 일에 앞장서는 것이 편하지 않다. 그리고 다른 아이들에게 인기 있는 편도 아니다. 나는 친구가 별로 없다. 내가 존경하는 사람들은 대개 나보다 연장자들이다. 그런 사람들은 내게 멘토 역할을 해 준다. 나는 우리 할머니나 교회에서 만나는 65세 된 아주머니처럼 연세 드신 분들과 함께 지내거나 혼자서 많은 시간을 보낸다. 나는 그 아주머니를 무척 존경해서 많은 시간을 함께 보낸다.

나는 남학생들을 피하는 편이다. 남학생들과 함께 있으면 불편하다. 어떤 남학생이 나를 따라오면 겁이 나서 달아나 버린다. 데이트를 많이 하지는 않지만 현재 남자친구가 있기는 하다. 우리는 만나면 문학에 대해서 이야기하고 우리의 꿈을 나눈다. 나는 그 아이에게 잘 보이려고 애쓰지 않는다. 나는 그저 나 자신이고 그 아이 역시 그렇기 때문이다. 우리는 잘 맞는다. 우리는 정말 같은 종인 것 같다.

오후에는 남자친구와 함께 하교하거나 혼자 집으로 걸어온다. 집에 도착하면 엄마에게 전화를 하고 간식을 먹은 후 고양이 밥을 주고 설거지를 하고 2층으로 올라간다. 전에는 학교에서 돌아오자마자 숙제를 했었다. 이제 나는 집에 오면 그 날의 스트레스를 풀기 위한 활동으로 책을 읽거나 시를 쓰거나 그도 아니면 그냥 시간을 보낸다. 나는 요리를 좋아하기 때문에 가끔은 저녁 식사를 만들기도 한다. 요리할 때는 혼자 있을 수 있고 창의성을 발휘할 수 있다. 그런 다음에 숙제를 시작한다. 숙제는 고역이지만 하긴 한다. 다 하는 데 약 두 시간 정도 걸리며 저녁식사 후에 아버지와 함께 한 시간 동안 숙제를 검토한다. 나는 텔레비전을 보거나 웹 서핑을 하지 않는다. 인터넷은 좀 지루한 것 같다. 나는 이렇게 혼자서 많은 시간을 보내는 편이다.

엄마는 가족이 함께 저녁식사를 해야 한다고 믿기 때문에 우리는 매일 저녁식사를 함께 한다. 엄마와 나는 통하는 점이 많지 않고 대화를 잘 하지 않는다. 엄마는 쇼핑, 화장 등에 대해서 이야기하는 것을 좋아하는데 나는 그런 것에 관심이 없다. 오히려 아빠와 이야기하는 것이 더 편하다. 아빠와 나는 역사나 소설에 대해서 이야기한다. 아빠는 내가 무슨 생각을 하는지 알려 달라고 한다. 나의 미술작품이나 시를 보여 주면 무척 좋아한다. 나는 아빠가 내 숙제에 대해서 실생활 속의 예를 들어 주면 더 잘 이해할 수 있다.

나는 학교에서도 선생님들이 실생활의 예나 영화 또는 텔레비전 쇼에 나오는 예를 통해서 설명해 주면 더 효과적으로 배울 수 있을 거라고 생각한다. 한 예로, 수학 같은 경우 응용문제를 만화로 낼 수 있을 것이다. 그러면 우리는 문제가 무엇인지, 어떤 상황인지 이해하기 쉬울 것이다. 선생님들이 내가 이미 할 줄 아는 내용에 대해서는 그냥 설명만 해 주고 내가 무엇을 하기를 원하는지 알려 준 후에는 혼자 하도록 두었으면 좋겠다.

몽상형 학생의 특성

몽상형은 아주 재미있는 학생들로, 몽상형이 세상을 어떻게 지각하는지 이해하지 못하는 대부분의 교사들에게는 상당한 골칫거리로 여겨질 수 있다. 몽상형은 대체로 무척 내성적이고 수줍음을 타며 보통 사람들과는 완전히 다른 시각을 갖고 있다. 그들은 생각이 깊고 침착하며 상상력이 풍부하고 다른 사람들은 지루하다고 여길 만한 반복적인 작업도 해낼 수 있다. 그들은 또 자신과 다른 사람들의 내면에 대해 통찰력이 있어서 좋은 글을 쓴다. 북미 인구의 약 10퍼센트가 몽상형이고 이 중

60퍼센트가 여성, 40퍼센트가 남성이다. 이들에게 과잉행동형 주의력결핍장애라는 진단은 흔하지 않지만 상당수가 부주의형 주의력결핍장애 진단을 받는다.

몽상형 학생들에게 가장 중요한 심리적 욕구는 고독이다. 그들은 매일 자신만의 시간과 공간을 필요로 한다. 이런 사람들이 하루 종일 다른 사람들과 함께 지내도록 강요당하면 상당한 스트레스를 받게 된다. 이런 상황이 닥치면 이들은 생각을 명확하게 할 수 없게 되고 우울증에 빠져 위축된다.

몽상형 학생은 초등학교에서는 대체로 학생과 교사의 성격유형이 다르기 때문에 혼자 있는 시간을 갖는 게 어려울 수도 있다. 대부분의 초등학교 교사들은 다른 사람과 자주 접촉하고 긴밀한 관계를 유지하고 싶어 하며 오랜 시간 혼자 있으면 기분이 언짢아지는 반응형 성격이기 때문에 몽상형 학생이 다른 학생들과 떨어져 있으려고 하면 오히려 그룹에 참여시키려고 더욱 노력할 것이다. 아니면 다른 학생들, 특히 반응형 학생에게 몽상형 학생을 활동에 끼워 주라고 부탁할 수도 있다. 이런 식으로 교사가 개입했을 때 몽상형 학생은 숨이 막히는 것 같은 느낌을 받으며 반응형 친구와 거리를 두려고 하게 된다. 한편 몽상형 학생이 이렇게 행동하면 반응형 친구나 교사는 거부당했다고 느낄 수도 있다.

몽상형 학생이 스트레스를 받으면 마음을 닫아 버린다. 극단적인 상황에서는 벽장 안에 들어가 문을 잠가 버린다든지 다른 사람들이 괴상하다고 여길 만한 행동을 할 수도 있다.

또 몽상형 학생들은 동시에 두 가지 이상의 일을 주면 힘들어한다. 예를 들어, 여섯 과목 모두 숙제가 주어질 경우, 이들은 우선순위를 정하지 못해서 아무것도 시작하지 못하거나 한꺼번에 여섯 가지를 시작해 놓고 한 가지도 제대로 마치지 못한다. 교사는 부모, 가정교사 또는 다른 학생에게 부탁해서 몽상형 학생이 숙제의 우선순위를 정하는 데 도움을 주도록 해야 할 것이다. 대부분의 학생들은 누가 시키는 것을 좋아하지 않지만 몽상형 학생은 간결한 명령조로 무엇을 하라고 정확하게 말해 줄 필요가 있다. 몽상형 학생이 무엇을 해야 하는지 이해하고 난 다음에는 반드시 혼자 공부할 수 있도록 시간을 주어야 한다.

몽상형 학생은 다른 사람들과 전혀 다른 시각으로 사물을 보는 능력이 있다. 또한 아이디어를 독특한 방식으로 개념화할 수 있다. 한 예로, 아인슈타인은 몽상형이었을 가능성이 아주 높다. 상대성 이론은 보통 사람들과 다른 방식으로 우주를 개념화할 수 있는 그의 능력에서 탄생했다. 그렇지만 그는 너무 특이해서 학교에서 쫓겨났다. 미켈란젤로도 몽상형이었다. 그는 시스틴 성당의 천장을 보았을 때 상상 속에서 천지창조를 그려 본 후 7년 동안 등을 대고 누워서 세부적인 부분들을 꼼꼼히 그려 가며 정성스럽게 작업했다. 미켈란젤로가 다른 조각가가 버린 화강암 덩어리를 주워서 작업한 이야기는 널리 전해진다. 그는 그 돌에서 어떤 모습을 '보았고' 그것으로 피에타를 조각했다. 소로도 몽상형에 속하는 위인이었음이 틀림없다. 소로는 은둔생활을 하고 싶어서 고요한 호숫가로 떠나 2년 동안 그곳에 머물렀으며 자신의 경험을 《월든》이라는 책에서 묘사했다.

교사는 몽상형 학생이 혼자 있고 싶어 하고 자신만의 공간을 갖고 싶어 하는 욕구를 반드시 존중해 주어야 한다. 몽상형이 가진 장점을 알아보고 그들의 상상력을 북돋워 주며 인간으로서 그들을 인정해 주는 것이 교육자가 극복해야 할 도전이다. 표 5.1에는 몽상형을 지도하는 데 유용한 보다 많은 방법들이 소개되어 있다.

표 5.1_몽상형의 욕구 : 명확한 지시와 고독

몽상형 학생을 도와주는 방법

- 과제에 대해서 명확한 지시를 해 준다
- 자신만의 공간에 머물 수 있게 해 주고 혼자 있을 시간을 준다
- 당신이 대화를 주도하되 감정이 교류하거나 긴 대화를 하게 될 것이라고 기대 하지 않는다
- 상상력을 표현하도록 격려한다
- 과제의 우선순위를 정할 수 있도록 도와준다
- 쉬는 시간에 친구들과 놀라고 강요하지 않는다
- 한 번에 한두 가지의 과제만 내 준다
- 혼잡한 지역을 피해서 자리를 배정해 준다
- 과제의 진행상황을 중간 중간 점검한다
- 목록을 적어 놓고 완성된 항목을 지워 나가도록 도와준다
- 숙제를 매일 글로 써서 지시해 준다

교사의 이야기

이 이야기는 반항형 교사와 몽상형 학생 사이에서 일어난 오해를 보여 준다. 교사가 마침내 학생의 욕구를 이해하고 충족시켜 주었더니 교사와 학생 모두 교실에서 받는 스트레스를 줄일 수 있었다.

나는 내가 특별히 좋아하는 수업을 준비하면서 들떠 있었다! 우리는 탐험가들에 대해 배우는 단원을 막 마쳤고 복습으로 제퍼디 게임(미국 방송국에서 장기 방영 중인 퀴즈게임 쇼. 분야별, 난이도별로 분류해서 상금을 정해 놓고 진행하는 게임-옮긴이)을 하려고 했다! 대답을 하고 싶을 때 버저를 누르는 대신 미니 농구공을 바구니에 던져 넣는다는 점만 빼면 제퍼디 게임과 아주 비슷했다. 이 수업을 듣는 학생들은 언제나 활기가 넘쳤고 수업에 집중했으며 역사에 흥미를 느끼고 있었다. 앨래너를 제외한 모든 학생이 그랬다. 앨래너는 어떤 일에도 흥분하지 않는 것처럼 보였다. 가끔 내게 미소를 지어 보이긴 했지만 그게 반응의 전부였다.

앨래너는 내가 맡은 6학년 학급에 속해 있는 내성적이고 침착하며 수줍음이 많은 여자 아이다. 학기 초부터 앨래너가 걱정된 나는 그 아이가 반에서 친구를 사귀지 못하고 있는 점을 놓고 부모님과 면담까지 하면서 친구를 사귀게 할 수 있는 여러 제안들을 해 보았다.

나는 앨래너가 수업시간에 좀 더 참여했으면 하는 바람도 가지고 있었다. 나는 매일 그 아이를 지목하며 농담을 해서라도 참여시켜 보려고 했지만 너무 수동적이었다. 그 아이는 모르겠다는 대답조차 하지 않았다. 그저 어쩔 줄 모르겠다는 표정만 지을 뿐이었다. 부모님은 앨래너가 친척이 놀러 왔을 때조차도 자기 방으로 피해 버린다고 이야기했다. 부모님이 그런 행동은 무례하다고 설명해 주었지만 앨래너는 혼자 있는 것을 더 좋아하는 것 같았다. 부모님은 아이가 우울증 증세를 보인다는 생각이 들어서 상담을 받게 할까 생각 중이라고 했다.

제퍼디 게임을 하던 날 나는 바구니를 만들고, 문제의 범주를 정하고, 질문을 듣고 25초 내에 팀이 함께 대답해야 하는 게임 규칙을 설명해 주었다. 얼마간 시간이 지난 후에 나는 앨래너가 자기 책상을 뒤로 빼놓고 조용히 앉아 있는 모습을 발견했다. 괴로워 보였다. 나는 아이들에게 공 던지기 연습을 하고 있으라고 말한 후 그 아이와 이야기를 하기 위해 뒤쪽으로 다가갔다. 무엇이 잘못되었는지 한참을 캐물은 후에야 그 아이는 게임을 하기 싫다는 대답을 했다. 그래서 내가 말했다. "앨래너, 너도 게임에 꼭 참여해야 돼, 그게 내가 오늘 준비한 수업이니까. 그럼 넌 점수를 기록하는 일을 하렴." 앨래너는 마지못해 일어서서 활동에 참여했다. 그런데 그 아이가 각 팀의 점수를 기록하는 동안 내게 예의 그 스쳐 가는 미소를 보내는 모습을 볼 수 있었다.

나는 앨래너가 나와는 전혀 다른 사람이며 그렇기 때문에 나를 그토록 좌절하게 만드는지도 모른다는 생각이 들었다. 앨래너는 주위에 사람들이 많으면 불편해하는 것 같았다. 또 과제를 이해했는지 확인하고 혼자서 그 과제를 하도록 해 줄 때 가장 열심히 공부하며 만족하는 것처럼 보였다. 가끔 앨래너가 할 일을 점검해 준 다음 마친 후에는 '완성상자'에 넣으라고 상기시켜 주기만 하면 글로 써야 하는 과제를 잘 완성해 냈다. 앨래너가 내는 과제 중에는 상당히 통찰력 있는 것도 있었다.

최근에 나는 앨래너가 한 친구를 사귄 것을 보고 새로 사귄 친구와 가까이 앉을 수 있도록 자리를 배정해 주었다. 나는 짝과 함께 생각하고 공부하는 수업방식을 활용하는 편이다. 학생들에게 질문을 던진 후 생각할 시간을 주고 짝과 함께 상의한 후 발표하도록 하는 것이다. 나는 짝과 함께 공부하는 상황에서 앨래너에게 질문을 하면 대답을 더 잘한다는 사실을 발견했다. 또 수업 도중 어떤 내용에 대해서 질문할지 미리 알려 주는 방법도 써 보았는데 꽤 효과가 있었다. 이렇게 하자 앨래너는 더 잘 참여했고 그 미소도 더 자주 보여 주었다.

집에서도 변화가 일어났다. 부모님도 앨래너가 혼자 있고 싶어 하는 욕구를 충족시킬 수 있도록 학교에서 돌아오자마자 방으로 들어가서 혼자 쉴 수 있게 해 주었다. 앨래너는 독서를 하거나 시나 수필을 썼다. 또 어떤 때는 그냥 앉아 있기만 하기도 했다. 한두 시간이 지나면 앨래너는 저녁식사 준비를 돕기 위해 아래층으로 내려왔다. 앨래너는 이제 식사를 할 때 종종 자진해서 부모와 대화를 한 후 방으로 올라갔다. 앨래너의 부모님은 얼마 전 친척이 놀러 왔을 때 앨래너가 먼저 대화를 시작했으며 저녁식사가 끝난 후에 자기 방으로 올라가도 되겠는지 물어봤다고 알려 주었다. 부모님은 친척이 돌아갈 때 인사를 하기만 한다면 방에 가 있어도 괜찮다며 허락해 주었다. 앨래너는 친척들이 돌아갈 때 내려와서 예의 바르게 작별인사를 했다.

앨래너가 아직도 혼자 보내고 싶어 하는 시간이 너무 많은 것은 우려되는 부분이지만 교실에서 친구를 사귀고 과제를 마무리할 수 있는 능력이 향상되면서 성적이 오르는 등 긍정적인 변화를 보여 주었다. 아직도 가끔씩은 그 아이를 꿈나라에서 불러와야 하지만 거의 명령에 가까운 분명한 지시를 해 주기만 하면(나는 그런 식으로 교류하는 것이 매우 불편하다!) 좀 더 반응을 보인다는 사실을 알게 되었다.

* * *

앨래너는 몽상형 학생으로, 자신만의 시간과 공간을 필요로 한다. 몽상형은 소음이 많고 혼란스러운 환경에서는 잘 지내지 못한다. 앨래너를 맡은 반항형 교사는 주변에 사람들이 많은 것을 좋아하고 활발한 활동, 재미있는 사건에서 활력을 얻으며 여러 가지 사건이 동시에 진행되면 신이 나는 사람이다. 이렇게 서로의 욕구가 다르기 때문에 이런 교사의 교실에서 앨래너는 상당한 스트레스를 받았을 것이다. 게다가 앨래너의 부모님도 집에서 종종 모임을 갖는다. 교사와 부모님은 사람이 어떻게 혼자 있으면서도 기분이 좋을 수 있는지 이해하지 못한다. 하지만 그들이 앨래너에게 지시형 채널로 이야기하고 학교와 집에서 고독의 욕구를 만족시킬 수 있게 해 주자 성적도 오르고 수업에 좀 더 자발적으로 참여하는 효과를 거둘 수 있었다.

반항형

― 재미있는 인간관계와
즐거움을 원하는 사람

학생의 이야기

안녕! 나는 반항형 학생인 리타! 나의 하루에 대해서 좀 이야기해 주고 싶다. 나는 잠자는 것을 좋아한다. 아침에 일어나기가 너무 싫어서 마지막 순간까지 미루다가 최대한 늦게 일어난다. 난 할 수만 있다면 대낮까지도 잘 수 있다. 일어났을 때는 빨리 움직이지 못한다. 그러다가 시간이 촉박해져서야 미친 듯이 준비하기 시작한다. 나는 시간에 쫓기고 무엇인가를 해야 한다는 압박을 받을 때 창의성과 능력을 가장 잘 발휘한다고 생각한다. 내게는 정해진 일과라는 것이 없다. 바쁘게 씻고 옷을 입다 보면 내 기분은 짜증에서 행복으로 바뀐다. 학교에 갈 때쯤이면 기분이 좋아져 있고 그날 내가 어떤 일을 하게 될지 기대에 부푼다. 나는 오늘도 친구들을 만나고 뭔가 새로운 일을 하고 재미있는 시간을 보내게 될 것이다. 인생은 정말 신난다.

나는 학교에 무엇을 가지고 갈지 계획하지 않기 때문에 절대로 전날 밤에 준비물을 챙기지 않는다. 마지막 순간까지 기다렸다가 책과 과제물을 찾아 허둥지둥 돌아다닌다. 대개는 필요한 것들을 전부 찾아내지만 어떤 때는 한두 가지를 잊어버리기도 한다. 그런다고 큰일이 나는 건 아니다. 종종 스쿨버스 시간에 늦기 때문에 부모님이 버스정류장이나 학교까지 데려다 준다. 때로는 지각하기도 하지만 난 별로 신경 쓰지 않는다. 나는 정해진 일정과 잘 맞는 사람이 아니며 하루나 어떤 활동을 계획하고 싶지도 않다. 나는 한마디로 즉흥적인 것을 좋아한다.

나는 엄마가 뭘 먹으라고 계속 권하지 않는 한 아침식사를 하지 않는다. 내가 어렸을 때는 엄마가 우유와 계란을 섞은 음료를 한 잔 마시게 했다. 어떤 때는 계란이 잘 섞이지 않아서 덩어리가 바닥에 가라앉아 있다가 목에 걸리기도 했다. 우웩! 그렇지만 대부분의 경우 아무것도 먹지 않는다. 정말 배가 고플 때면 빵 한 조각을 집어 들고 나간다. 사람들이 내게 억지로 뭘 먹이려고 하면 정말 짜증난다. 어떤 일상이든 강요당하면 짜증이 난다. 점검해야 할 목록 역시 강요당하고 싶지 않다. 전날 숙제를 마치지 않으면 아침에 숙제 할 시간을 짜내야 하기 때문에 스트레스를 받기도 한다.

나는 학교에 가자마자 친구들과 어울린다. 나는 사교적인 사람이라 모든 사람에게 "안녕"이라고 인사한다. 나는 친구들과 수다를 더 떨기 위해서 마지막 순간까지 버티기 때문에 때때로 첫 수업에 늦기도 한다. 제시간에 들어가더라도 내가 언제나 마지막으로 교실 문을 들어선다.

학교생활에서 사교적인 면은 좋아하지만 대부분의 수업은 좋아하지 않는다. 수업은 진짜 지루한데 나는 그런 수업시간에는 공부를 잘 못한다. 또 아이디어나 이론을 다루는 수업도 잘 못한다. 내게는 구체적인 내용이 필요하다. 그렇지만 예외도 있다. 나는 물리 선생님이 아주 좋다. 그분은 가장 어려운 선생님이지만 물리를 아주 재미있게 가르친다. 그 수업시간에 로켓을 만들어서 발사해 보며 가속도를 측정하기도 하고 다리를 만들어서 얼마만큼의 무게를 견딜 수 있는지 알아내기 위해 파괴 실험도 해 보았다. 그리고 반짝이는 발광 다이오드가 달린 로봇도 만들었다. 로봇을 만드느라 손을 데기도 했지만 그 작업이 너무 재미있어서 다친 건 별로 상관하지 않았다. 화학 선생님도 재미있는 편이다. 그 선생님은 우리가 실험실에서 여러 가지 쿨한 작업을 하게 해 준다. 한번은 고체, 액체, 기체를 표현하느라 교실에서 서로 부딪히며 돌아다니기도 했다. 이 선생님이 너무 좋아서 그해에는 화학이 내가 좋아하는 과목이 되었다.

내가 어떤 과목을 좋아하는지는 음악이나 미술을 제외하고는 그 과목의 난이도나 수업에서 다루는 내용에 좌우되지 않는다. 내가 수업에 어떻게 호응하는지는 전적으로 선생님에게 달려 있다. 중1 때 수학 선생님은 지루했다. 그 선생님은 오로지 책으로만 가르쳤다. 우리는 재미있는 활동을 전혀 하지 않기 때문에 수업에 들어가는 것이 정말 싫었다. 나는 또 대수 수업도 아주 싫어했다. X와 Y는 숫자가 아니기 때문에 대수가 도대체 무엇에 관한 것인지 파악하기가 어려웠다. 그렇지만 중1 때 영어 선생님은 수업을 재미있게 했기 때문에 그 수업은 아주 좋았다. 시는 보통 지루한데 그 선생님은 시를 살아 있는 것으로 만들었다. 나는 문장을 해석하는 것도 싫어했는데 그 선생님은 그것조차도 재미있게 가르쳤다. 중2 때 영어 선생님은 끔찍했다. 그저 책으로만 가르쳤다. 그 수업은 점심시간 바로 다음이어서 수업시간 내내 잠만 잤다. 정말 싫었다. 그렇지만 고등학교 영어 선생님은 희곡을 배울 때 우리가 직접 연기를 하게 해 주었다. 정말 멋졌다. 나는 역할 연기를 좋아해서 연기를 많이 하는 수업일수록 그 수업을 좋아하게 된다. 중2 때 수학 선생님은 대단했다. 그 선생님은 모든 내용을 흥미롭고 재미있게 가르쳤다. 그 선생님 수업에 들어가는 것은 무척 좋았다. 심지어는 응용문제를 푸는 것조차도 재미있었다.

나는 좋은 친구들과 그룹으로 공부하는 것을 좋아한다. 그러면 함께 여러 가지 창의적인 일을 벌일 수 있기 때문이다. 우리는 장난도 많이 치고 파티도 자주 하며 재미있게 지내지만 할 일은 한다. 나는 내가 모든 일의 중심에 있기를 바란다. 나는 싫어하는 사람들과는 함께 일하기 싫다. 사실 내가 싫어하는 사람과 함께 일해야 하는 상황이 되면 자신을 그냥 닫아 버리기도 한다.

엄마 친구 분들이 내가 말괄량이라고 이야기하는 것을 들은 적이 있다. 아마 스포츠를 즐기고 기계 다루는 일을 좋아하기 때문에 그런 것 같다. 우리 아빠는 기술자인데 나는 아빠의 일을 많이 도와준다. 나는 전구로 사람 얼굴 모양을 만들기 위해서 아세틸렌 토치를 사용해 본 적도 있다. 그 일은 정말 재미있었다. 나는 매우 창의적이기 때문에 창의성을 활용하는 수업을 좋아한다. 하지만 불행히도 내게 창의성을 발휘하라고 격려해 주는 선생님은 그다지 많지 않다.

나는 리더 역할을 많이 한다. 그리고 여러 가지 과외 활동에 참여하는데 특히 노래 부르고 연기하는 것이 좋다. 봄 학기 뮤지컬에서는 주연을 맡기도 했다. 나는 무대의 중심에 서는 게 정말 좋다. 지금은 코러스에서 솔로를 맡고 있으며 자발적인 생각을 가진 사람들이 모인 과학 팀의 팀장이기도 하다. 또 학급의 회계이자 우리 학교 여학생회의 간부를 맡고 있다. 재미있는 사람들과 교제하는 것이 좋으며 친구들과 늘 깔깔거리며 지낸다. 나는 사람들을 재미있게 해 주기 때문에 학교에서 꽤 인기가 많다. 그래서 많은 아이들이 나와 어울리며 재미있게 지내고 싶어 한다. 나는 여자친구와 남자친구의 수가 엇비슷하다. 나와 가까운 대부분의 친구들도 나와 비슷한 아이들이다.

숙제는 혼자 하는 것을 좋아한다. 내가 내용을 이해했을 때는 누구의 재촉도 받지 않고 하고 싶은 때에 숙제를 하고 싶다. 모든 것을 철자에 맞게 썼는지 확인하기 위해서 다시 읽어 보는 일은 정말 싫다. 그런 일은 너무 재미없기 때문에 안 하고 만다. 그리고 내용을 이해하지 못했을 때는 숙제를 하지 않는다.

성적에는 정말 신경을 쓰지 않는다. 선생님이 좋으면 열심히 공부하고 좋은 성적을 받는다. 내가 무엇인가를 성취하게 만드는 열쇠는 창의성이다. 수업에서 나의 기발한 재능을 표현할 수 있으면 열심히 공부한다. 창의성을 발휘할 수 없을 때는 학교생활이 고역이며 성적이 어떻게 나오든 관심도 없어진다. 부모님은 내가 무엇인가를 잘했을 때 등을 두드려 주는데 그것도 격려가 된다. 그렇지만 수업이 지루하면 그 정도로는 모자란다. 나는 선생님이 수업시간에 어떻게든 기발한 것을 보여 주지 않으면 아예 생각조차도 하지 못한다. 중1 때는 수학에서 아주 나쁜 점수를 받았다. 그때는 마치 머리에서 뇌가 다 빠져 나간 것 같았다. 나는 독창성을 발휘하고 새로움을 맛보고 적극적인 역할을 할 수 있는 상황이 주어지면 활기가 생긴다. 공부할 에너지를 얻기 위해서는 재미를 느껴야 한다.

나는 또 컴퓨터 수업을 아주 좋아한다. 컴퓨터는 재미있다. 원하는 곳은 어디든 갈 수 있고 무엇이든 알아낼 수 있기 때문에 인터넷은 대단하다는 생각이 든다. 그곳에서는 내가 원하면 누구라도 만날 수 있다. 그리고 컴퓨터로는 창의적인 프로그램을 디자인하거나 지루한 웹페이지를 생생하게 바꿔 놓는 등 아주 흥미로운 일을 할 수 있다. 나는 컴퓨터 게임을 하는 것도 무척 좋아한다.

아침에는 에너지가 더 많기 때문에 그때 지루한 수업을 듣는 것이 차라리 낫다. 그리고 오후부터는 에너지가 빠져 나가기 때문에 점심시간 직후에는 체육 수업을 하는 것이 좋다. 체육 수업을 통해서 다시 힘을 얻을 수 있기 때문이다. 점심시간에는 친구들과 함께 학교 식당에서 점심을 사 먹는다. 엄마가 도시락을 싸 줄 때는 좋아하는 것만 먹고 나머지는 버린다. 초등학교에 다닐 때는 엄마가 매일 우유 살 돈을 주었지만 그 돈으로 우유를 사 본 적은 한 번도 없었다. 그 대신 아이스크림을 사 먹었다.

　나는 한 시간 동안 같은 자리에 앉아 있기가 어렵다. 끊임없이 좌우로 움직인다. 양말을 벗고 꼼지락거리며 손가락으로 책상을 두드리고 낙서도 한다. 나는 때때로 자리에서 일어나야만 한다. 교실에서도 가끔씩은 일어나서 돌아다니고 친구들과 접촉해야 한다. 선생님들이 그 점을 이해하지 못하기 때문에 가끔 벌을 받기도 한다. 나는 싫증을 느끼면 지루함을 깨뜨리기 위해서 뭔가 과감한 일을 저지른다. 책을 바닥에 떨어뜨린다든지, 의자에서 떨어진다든지, 앞자리에 앉은 학생의 머리를 잡아당긴다든지, 모든 사람들을 웃게 만들 만한 말을 한다든지, 선생님이나 친구들에게 고함을 친다든지 어떤 짓이라도 할 수 있다. 선생님이 화가 나서 소리를 지르면 나는 선생님에게 나쁜 말을 하거나 의자를 던지거나 친구에게 시비를 걸지도 모른다. 내가 흥미를 느끼고 창의성을 긍정적으로 활용할 때는 수업시간 내내 공부에 전념할 수 있다.

　나는 과외 활동을 정말 좋아하고 많은 시간을 쏟는다. 스포츠는 구경만 하는 것보다 직접 참여하는 것을 아주 좋아한다. 연극에 참여해서 연기를 하고 뮤지컬에서 노래를 부르고 밴드에서 연주하고 연극 무대를 꾸미고 과학 팀에 끼어서 경쟁하는 것을 아주 좋아한다. 매 학기마다 적어도 한 가지 이상, 보통은 여러 가지 과외 활동에 참여한다. 나는 끊임없이 내가 할 수 있는 것 이상의 일에 관여하기 때문에 모든 스케줄을 끼워 맞추느라 곡예를 하면서 지내게 된다. 언제나 지나치게 약속을 많이 하며 갑자기 취소해 버리기도 한다.

나는 오후 다섯 시쯤 집에 오는데 집에서 친구들과 함께 음악을 크게 틀어 놓고 노래를 하거나 춤을 추기도 한다. 아니면 자전거를 타거나 나를 내가 아닌 다른 사람이라고 상상해 보기도 하고 백화점에 갈 때도 있다. 숙제는 가능한 한 마지막까지 미루는데 종종 다음날 새벽까지도 하지 않는다. 숙제를 할 때는 텔레비전이나 라디오를 켜 놓는다. 나는 소음이 있어야 공부가 더 잘 된다.

나는 남자친구가 많다. 남자아이들이 더 활동적이고 재미있는 일을 많이 하기 때문이다. 나는 대부분의 사람들을 좋아한다. 특히 에너지가 넘치는 재미있는 사람들을 좋아한다. 조용한 사람들은 별로 좋아하지 않는다. 그 사람들을 싫어하기 때문이라기보다는 공통점이 없기 때문이다. 또 거만하게 굴거나 자신이 다른 사람들보다 더 똑똑하다고 생각하는 아이들도 밥맛이다.

가끔은 데이트를 하기도 하는데 그럴 때는 더블 데이트를 하든지 여러 명이 함께 만난다. 재미있는 시간을 보내자는 것이 내 목적이므로 여럿이 몰려나가는 것을 좋아한다. 그룹으로 만나면 대화가 끊어지지 않아서 좋다. 그리고 축 처지는 시간도 줄어든다. 데이트를 할 때는 상대방에게 잘 보이려고 특별히 노력하지 않는다. 내가 하고 싶은 대로 할 뿐이다. "나는 나다"라는 것이 내 태도다. 있는 그대로의 나를 받아들이든지, 싫으면 떠나라는 것이다. 본연의 내 모습이 마음에 안 든다면 어쩔 수 없다. 데이트를 할 때 내가 가장 좋아하는 주제는 바로 '나'다!

반항형 학생의 특성

반항형 학생은 창의적이고 즉흥적이며 장난스러운 사람들이다. 그들은 주위에서 일어나는 모든 일에 긍정적으로든 부정적으로든 반드시 반응한다. 사물에 대해서 강한 반응을 보이며 어떤 것을 열렬히 좋아하다가도 순식간에 싫증내기도 한다. 그들은 어떤 면에서든 예술적인 특성과 탁월한 유머 감각을 갖고 있고 모든 성격유형 중 가장 창의적이다. 반항형은 미국 인구의 20퍼센트밖에 차지하지 않지만, 교사들이 가르치기 가장 어렵다고 분류한 학생들 중 55퍼센트, 충동형 주의력결핍장애로 판명된 학생들 중 65퍼센트, 부주의형 주의력결핍장애로 판명된 학생들 중 52퍼센트를 차지한다. 북미에서 반항형의 60퍼센트는 여성이며 40퍼센트를 남성이 차지한다.

반항형은 사람들과 함께 있는 것을 좋아하지만 여러 사람과 가까운 관계를 유지하지는 않으며 기본적으로 외톨이 성향이 있다. 아는 사람은 많지만 가까운 친구는 별로 없다. 다른 사람들이 뭐라고 하든 상관하지 않고 자기 방식대로 하려는 의사가 강한 개인주의자들이다. 그들은 자기 취향에 맞게 옷을 입는다. 종종 기괴한 차림을 하고 도발적인 문신을 새기기도 한다. 그들은 누가 명령하는 것을 참지 못하며 사람들이 마감시간, 틀, 규칙, 획일화 등을 강요하면 무척 싫어한다.

많은 반항형들은 몸의 움직임을 통해 학습한다. 활동적이거나 체험할 수 있는 수업은 자신의 창의성을 활용할 기회가 생기기 때문에 좋아한다. 그리고 흥미를 끄는 프로젝트에 참여하고 있을 때를 제외하고는 오랜 시간 조용히 앉아 있지 못한다. 그들은 매사에 재미를 생각하며 재미를 기준으로 삼아서 수업이 유용한지의 여부를 판단한다. 교사가 그들을 자극시켜 주고 수업시간에 재미를 느낄 수 있게 해 주면 아주 열심히 공부할 것이다. 반면 수업에 싫증을 느끼면 아무것도 성취하지 못할 수 있다. 반항형은 규칙, 획일화, 일과, 지루한 공부를 싫어한다. 그들은 숙제란 반복적이고 지루한 것이라고 생각해서 아주 싫어하지만 창의성을 활용할 수 있게 해 주는 숙제라면 아주 열심히 할 것이다.

반항형 학생들의 욕구를 충족시켜 줄 수 있도록 적절한 동기가 부여되면 그들은 수업시간에 아주 긍정적인 영향력을 미칠 수 있다. 그들은 대부분 창의적인 학생이며 훌륭한 유머 감각을 갖고 있다. 그리고 교사가 농담을 하거나 그 학생에게 친구들 앞에서 노래를 부르거나 발표를 하라고 격려해 주면 학생의 흥미를 지속적으로 유지해 줄 수 있다. 그렇지만 반항형 학생은 A를 받겠다는 동기에서 공부를 하지는 않으며 결과에 연연하지도 않는다. 그들에게는 하기 싫은 일을 하도록 강요할 수 없다. 그들은 누가 고함을 지르거나 협박하거나 명령하면 격하게 반응할 수도 있다. 표 6.1은 반항형 학생이 욕구를 충족시키도록 도와줄 수 있는 방법이다.

표 6.1_반항형의 욕구 : 재미있는 인간관계와 즐거움

반항형 학생을 도와주는 방법

- 훌륭한 유머 감각을 보여 주고 장난스럽게 행동한다
- 대담한 포스터, 조명, 색깔, 기구 등을 사용해서 교실을 꾸미도록 맡긴다
- 운동을 하거나 흥미로운 물건을 모으거나 악기를 연주하도록 장려한다
- 흥미롭고 재미있는 장소로 현장학습을 간다
- 때때로 자리에서 일어나거나 교실 안을 돌아다닐 수 있는 기회를 준다
- 친구들 앞에서 발표할 기회를 준다
- 교과내용으로 노래나 시를 짓고 친구들 앞에서 발표하게 한다
- 창의성과 기발함을 표현하도록 장려한다
- 교육적인 개념을 표현하도록 연관성 있는 의상을 입을 기회를 준다
- 수업시간에 역할 놀이를 한다

- 하루에 한 번씩 농담을 건네거나 그 학생이 교실에서 농담을 할 수 있게 해 준다
- 교실에서 공연할 수 있도록 촌극이나 각본을 쓰도록 장려한다
- 수업과 관련된 기사를 쓰도록 장려한다
- 수업 내용을 보여 주는 그림을 그리도록 장려한다
- 수업 내용과 연관 있는 만화를 학교에 가져오도록 장려한다
- 각 과목마다 다양한 감각을 체험할 수 있게 해 준다
- 교과내용과 연관 있는 게임에 그룹으로 참여하도록 장려한다
- 과학 시간에 실험 실습을 하도록 장려한다
- 구체적인 어휘로 가르친다
- 수업을 실생활의 경험에 연결시킨다
- 교사가 때때로 예상 밖의 행동을 하며 억양에도 변화를 준다
- 때때로 수업시간 중에도 학생들끼리 이야기할 수 있는 기회를 준다

반항형 학생은 수업시간에 지루해지면 아예 마음을 닫아 버리거나 공상을 하거나 자신이 처한 환경을 바꾸기 위해서 무엇인가 극적인 일을 벌이기도 한다. 그들은 일어나서 돌아다닐 구실을 찾을지도 모른다. 제재를 받으면 고집을 부리며 반항적인 태도를 취하고 말대꾸를 할 수도 있다. 상황이 너무 견디기 어려워지면 교사에게 폭언을 하거나 의자를 던지고 친구를 때리거나 심지어는 교사를 때리는 등의 행동을 해서 부정적인 관심을 끌어 보려고 하기도 한다. 교사가 창의성을 격려해 주고 가끔씩 재미있게 지내도록 해 주면 이렇게 부정적인 행동은 크게 줄어들 것이다. 반항형 학생을 지도하는 것은 교사에게는 어려운 도전이다. 그렇지만 그 학생들이 창의성을 펼칠 수 있도록 격려해 주면서 얼마나 많은 것을 학습하고 성숙한 인간으로 자랄 수 있는지 지켜보는 것은 보람 있는 일이 될 것이다.

교사의 이야기

이 이야기는 끈기형 교사와 반항형 학생 사이에 벌어진 오해를 보여준다. 교사가 장난스럽게 어울리고 싶어 하는 학생의 욕구를 충족시키도록 도와주자 학생은 자신의 에너지를 조절하고 부정적인 행동을 억제하면서 수업에 전념할 수 있었다.

• • •

그날은 목요일이었고 5학년 체육 수업에 들어갈 시간이었다. 교실을 향해 걸어가는데 벌써부터 속이 거북해지기 시작했다. 나는 학생 한 명 한 명은 무척 좋아하지만 체육 시간에 반 전체를 다루는 것은 보통 일이 아니다. 그 중 샘이라는 학생은 특히 어렵다. 나는 샘이 자기 분단으로 가는 모습을 즉시 알아볼 수 있었다. 그 아이는 중간에 멈추더니 사라의 무릎에 앉았다. 그러고는 펄쩍 뛰면서 잭을 밀치더니 문 앞에 선 나를 슬쩍 보았다. 그 아이는 문 쪽으로 달려오면서 "좋아, 체육 시간이다!"라고 소리를 질렀다. 학생들이 줄을 서는 동안 나는 다른 교실에서 수업을 받고 있는 학생들을 배려하는 의미에서 복도를 지나갈 때 예절을 지켜야 한다고 이야기했지만 내 말이 다 끝나기도 전에 샘이 복도로 뛰어나가다가 자기 발에 걸려 넘어지면서 루시를 벽 쪽으로 밀어붙였다. "아, 미안, 루시, 잭이 날 밀었어." 사실 잭은 그때까지 문 밖으로 나오지도 않았다.

마침내 아이들이 체육관으로 출발했을 때 나는 샘의 곁으로 갔다. 몇 초도 지나지 않아서 샘은 앞에 서 있는 학생에게 큰 소리로 말을 걸기 시작했다. 나는 전략을 수정하지 않으면 체육관까지 가는 일이 상당히 힘들겠다는 판단이 섰다! 그래서 샘을 옆으로 불러내서 가능한 한 가장 들뜬 목소리로 말했다. "어이, 샘! 선생님은 교실에서 체육관까지 몇 걸음이나 되는지 언제나 궁금했었어. 네가 나를 위해서 알아봐 주면 어떻겠니? 나중에 다른 학생들이 알아맞히게 할 거니까 아무도 우리가 무엇을 하는지 눈치 채지 못하게 우리끼리 비밀로 하자!" 샘은 체육관까지 조용히 걸어간 후 내게 숫자를 속삭여 주었다.

체육관 안으로 들어가면 샘에게 어떤 유혹이 기다리고 있을지 쉽게 알 수 있었지만 나는 운동기구를 꺼내기 위해서 자리를 떠야 했다. 나는 샘이 자기 조에 들어갈 때까지 그의 주의를 분산시킬 수 있도록 반 전체가 되도록 빨리 안으로 들어가기를 바랐다. 나는 "스트레칭과 간단한 계주를 한 후 오늘의 게임을 할 거야"라고 샘에게 말해 주었다. "우리 오늘 피구할 거예요?" 샘이 고함을 질렀다. 나는 윙크를 하면서 대답했다. "본격적인 활동은 스트레칭을 마칠 때까지 비밀로 할 거야!" 스트레칭은 샘의 흥미를 끌지 못했기 때문에 그 아이는 체육관 한구석에 놓인 공 쪽으로 다가가려고 했다. 샘이 무엇을 할 속셈인지 알아차린 나는 그 아이에게 앞으로 나와서 스트레칭을 지도하라고 일렀다.

샘은 계주에서 자기 차례가 오기를 기다리는 동안 벽에 몸을 부딪치며 뛰어다녔다. 마침내 샘의 순서가 되자 목청껏 고함을 지르면서 체육관 건너편을 향해 출발했다. 샘이 힘차게 달려서 결승선으로 미끄러져 들어오자 모든 아이들의 관심이 집중되었다. 몇몇 학생은 소리를 질렀고 또 몇몇은 낄낄거렸다. 샘은 관중을 즐겁게 해 준 것이다! 학생들이 계주에 썼던 테니스공을 줍고 있을 때 샘은 반대편으로 공을 던지고 있었다. "얘, 샘, 이 가방을 들고 체육관 반대편으로 달려가서 딱 3분 안에 공을 다 모아 오는 건 어때? 출발!"

"좋아, 이제 본격적인 게임이다. 우리는 남은 시간 동안 피구를 할 거야." 이 말이 끝나자 몇몇 여학생들은 신음 소리를 냈고 또 몇몇 남학생들은 환호성을 질렀다. 안전 규칙을 간단히 되짚은 후에 게임이 시작되었다. 달리고 사람들에게 공을 던지고 또 공을 피하는 이런 활동은 샘의 전문 영역이었다. 그런데 난처하게도 공을 사이에 두고 샘과 잭 사이의 가벼운 다툼이 심각하게 발전했다. 보통 때는 잘 웃던 샘의 얼굴이 무섭게 변했다. 공을 붙잡은 샘은 잭을 문 쪽으로 밀었다. 이 시점에서 나는 호루라기를 불어 게임을 중단시킨 후 두 녀석에게 벤치에 가서 앉아 있으라고 고함을 질렀다.

나머지 학생들에게 게임을 다시 시작하게 한 후 샘과 잭에게 이야기를 하려고 갔다. "도대체 무엇 때문이었니?" 내가 물었다. 말이 끝나기가 무섭게 샘이 "잭의 잘못이었어요……"라고 대답했다. "아니, 너희 둘 다 잘못했어, 그리고 앞으로는 좀 더 주의했으면 좋겠다. 너희는 여기 앉아서 진정하도록 해!" 그러다가 샘에게는 장난과 활동이 필요하다는 생각이 들어서 한마디 덧붙였다. "샘, 너는 누가 공에 맞는지, 그리고 모두 아웃되는 데 시간이 얼마나 걸리는지 지켜봐." 나는 두 아이를 몇 분 동안 진정시킨 후에 다시 게임에 합류할 수 있게 해 주었다.

마침내 학생들이 줄을 서서 돌아갈 때가 되자 샘과 잭은 아무 일도 없었다는 듯이 다시 친구가 되어 있었다. 나는 샘이 교실까지 문제를 일으키지 않고 돌아갈 일이 남아 있다는 생각이 들어서 샘에게 다가가 복도를 걸어가는 모습을 지켜볼 테니 각 교실 문을 지날 때마다 돌아보고 내게 '비밀 신호'를 보내라고 했다. 덕분에 그 아이가 교실까지 말썽을 부리지 않고 돌아가는 모습을 지켜볼 수 있었다!

． ． ．

반항형은 사람들과 재미있게 교제하기를 원한다. 그 아이들은 원하는 것을 얻으면 자신의 창의성을 긍정적인 방향으로 살릴 수 있지만 그렇지 못하면 종종 반항적이고 부정적인 행동을 해서 벌을 받거나 심지어는 퇴학당하는 사태에 이르기도 한다. 끈기형 교사와 반항형 학생 사이에서는 오해가 일어나기 쉽다. 샘을 맡은 끈기형 교사는 그 아이를 손쉽게 교무실로 보내 처벌할 수도 있었지만 그렇게 하지 않았다. 대신 몇 걸음인지 세면서 복도를 걸어가게 하고 학급이 참여하는 재미있는 활동에서 눈에 띄는 역할을 맡겼다. 그 결과 샘은 부정적인 행동을 그만두고 수업에 몰두하게 되었다. 샘을 맡은 교사는 반항형의 특성이 가장 덜 발달되어 있었기 때문에 샘을 다루는 데 많은 에너지가 소모되었다. 그 교사가 자신의 성격에서 반항형의 특성을 좀 더 개발하고 강화한다면 샘 같은 학생의 욕구를 만족시켜 주는 것이 좀 더 쉬워질 것이다.

chapter

07

선동형
– 도전과 자극 그리고
즉각적인 보상을 원하는 사람

학생의 이야기

내 소개를 하겠다. 나는 피터라고 하는 선동형 학생이다. 나는 하루를 요란하게 시작한다. 일단 '좋은 아침, 세상이여! 오늘은 어떤 짜릿한 일이 기다리고 있을까?' 라는 기분으로 침대에서 뛰쳐나온다. 일어난 후에는 양치질을 하고 세수를 한다. 나는 패션리더이기 때문에 내 '추종자'들을 위해서 멋지게 보여야 한다. 하루 종일 신체적으로 많은 에너지를 소모하게 될 것 같아서 계란, 햄, 토스트와 베이글, 커피, 주스로 아침을 든든히 먹는다. 초등학생일 때는 우유와 주스를 마셨지만 이제는 커피를 마신다. 열네 살 때부터 커피를 마시기 시작했다. 나는 학교를 일종의 도전으로 받아들인다. 도전은 나를 매혹하기 때문에 나는 활기차게 돌아다니면서 준비물을 챙긴다. 학교로 가기 위해 문을 나서는 순간에는 모든 것을 다 갖출 수 있다. 그 순간이면 세상 꼭대기에 선 듯한 기분이 든다.

나는 하루를 버틸 에너지를 얻기 위해서 몸을 쓰는 운동을 할 필요가 있다. 초등학교에 다닐 때는 학교에 도착하자마자 운동장으로 나가서 운동을 했다. 고등학생이 된 후에는 골프연습장에 가서 공을 좀 치고 학교로 간다. 나는 골프 팀의 주장이며 최우수 골프선수다. 중3 때 이후로 팀에서 최고의 자리를 지켜왔다. 나는 지역 대회에 몇 차례 참가했으며 그 중 절반 이상의 경기에서 상을 탔다. 아침은 내가 친구들과 교제하기에도 좋은 시간이기 때문에 학교에 가서는 친구들과 어울린다. 우리는 학교에서 할 수 있을 만한 일과 방과 후에 할 재미난 일들을 궁리한다. 나는 누구라도 친구로 만들 수 있는 능력이 있기 때문에 내 교제 범위는 해마다 늘어난다. 우리 반 친구들은 나를 '미스터 자신감'으로 뽑아 주었다.

이번 학기에는 2교시가 체육 시간이다. 아침 일찍 운동할 기회를 갖는 것이다. 그렇게 되면 남은 하루를 위해 에너지를 충전할 수 있어서 좋다. 나는 또 연설에 매력을 느끼며 연극, 모험, 전쟁사가 주는 짜릿함 같은 것에도 흥미가 있다. 특히 선생님이 수업을 활기차고 자극적으로 진행하면 더 신난다. 역사는 지도자에 집중하는 분야다. 나도 지도자이기 때문에 역사 속의 지도자들에 대해 흥미가 있다. 사람들 앞에서 연설할 때 힘이 솟기 때문에 대중연설도 내게 또 다른 활력소가 되어 준다. 열두 살 때 처음으로 연설을 해 보았으며 그 후로 많은 행사에서 사회를 보았다. 여학생들의 패션쇼나 기타 지역 프로그램에서 종종 사회를 맡고 있다. 나는 사람들 앞에 잘 나설 수 있는 능력을 타고난 것 같다.

나는 노래와 춤에도 능하다. 친구들은 내가 우리 학교 최고의 댄서라고 생각한다. 사람들 앞에서 공연하기 위해 록 밴드도 결성했다. 나는 밴드에서 노래도 하고 춤도 춘다. 어떤 일을 주도한다는 것은 도전이다. 도전에는 일을 성공시킬 수 있는 기회가 들어 있기 때문에 도전이 주어지면 평소보다 잘한다. 실패의 위험도 있지만 성공의 기회도 있다. 친구들 앞에서는 절대로 체면을 구기고 싶지 않기 때문에 실패는 내가 선택할 수 있는 것이 아니다.

나는 선생님들과 좋은 관계를 맺을 수 있는 수완이 있기 때문에 학교에서 잘 지낸다. 여러 가지 활동을 활발하게 하는 덕분에 수업에서 미리 빠져 나오는 등 특별한 배려를 해 달라고 종종 부탁한다. 가끔 선생님과 관계 맺기가 어려울 때도 있는데 그런 상황에 처하면 학습하는 게 어려워진다. 나와 사이가 좋지 않았던 한 선생님이 생생하게 기억난다. 고1 때 나는 기하학이 무엇인지 제대로 설명해 줄 수 없는, 아주 답답한 기하 선생님을 만났다. 그 선생님은 똑똑하긴 했지만 과목에 대해 큰 그림을 그려 주지 못했고 기하학이 왜 중요한지 설명해 주지 못했다. 마침내 나는 그 수업을 이수하려면 스스로 공부하는 수밖에 없겠다고 판단했다. 그래서 혼자 공부해서 과목을 이수했다. 나는 자신에게 무슨 유익함이 돌아오는지 알아야만 배울 수 있다. 선생님이 가르치는 내용이 어떤 의미가 있는지 분명한 그림을 제시하지 않고 세부적인 지식만 나열해 줄 때는 공부하기가 어렵다. 기하 선생님은 나를 너무나 싫어해서 완벽한 답안지를 제출하자 부정행위를 했다고 야단쳤다. 결국 재시험을 보게 되었는데 그 시험도 잘 봤다. 그렇지만 우리는 일 년 내내 거의 의사소통을 하지 않고 지냈다.

나는 아주 똑똑하고 지능지수도 높지만 과목이 실생활에 어떻게 적용되는지 이해하지 못할 때는 두뇌를 활용할 수가 없다. 전체적인 맥락을 볼 수 없으면 아주 빨리 좌절하고 만다. 그렇게 되면 나는 환경에 변화를 가져오기 위해서 극적인 행동을 하게 된다. 극적이라는 말은 좋은 일을 할 수도 있고 나쁜 일을 할 수도 있지만 어쨌든 그 일로 반드시 관심을 끌게 된다는 뜻이다. 그렇지만 대부분의 경우 나는 자신을 통제하며 긍정적으로 행동한다. 나는 선생님에게 수업 내용을 설명해 달라고 하기도 한다. 부정적인 경우에는 "존스 선생님께서는 그렇게 말씀하시지 않았어요" 같은 말을 하거나 또 다른 견해를 제시함으로써 논쟁을 시작할지도 모른다. 선생님이 뒤로 물러서면 "아직 제 질문에 대답해 주지 않으셨는데요"라는 말로 더 파고든다.

나는 선생님과 사이가 좋으면 무엇이든지 배울 수 있지만 사이가 나쁘면 어떤 것도 배우기가 어렵다. 나는 선생님이 마음에 들지 않아도 기하학을 배웠지만 그러기 위해서는 내 편에서 많은 에너지를 쏟아야 했다. 나는 또 체면을 구기는 것을 받아들이지 않기 때문에 아무도 나를 바보로 만들지 못하게 하기 위해서 무슨 일이라도 한다. 선생님이 나를 우습게 만들려고 하면 선생님과 싸울 것이다. 그렇지만 싸울 상대를 조심스럽게 고른다. 내가 이길 수 없는 싸움은 시작하지 않는다. 나는 촌철살인의 표현을 잘 구사하기 때문에 그런 말들을 활용해서 상대방에게 복수할 수 있다. 나는 가장 적절한 시점에 이러한 명언을 활용해서 상대방의 무릎을 꺾고 다시는 반격할 수 없게 만들어 버린다. 이러한 행동은 위험 부담을 안고 있지만 적기에 공격하면 상대방의 입을 막아 버릴 수 있기 때문에 매력 있다. 이 일에 있어서는 타이밍이 중요하며 나는 재치 있는 말을 완벽한 시점에 내뱉을 수 있는 천부적인 소질을 타고났다. 나는 사람들과의 관계에서 어떻게 하면 이길 수 있는지 빨리 파악한다. 내게는 이기는 것이 무엇보다 중요하다.

나는 사람들과 어울리는 것을 좋아하기는 하지만 공부 내용을 잘 이해하지 못할 때를 제외하고는 혼자 공부하는 것을 더 좋아한다. 내가 어떤 과목이 약할 때는 그 내용을 잘 이해하고 있는 친구를 붙잡고 그 내용을 이해할 때까지 함께 공부한다. 내용을 알고 난 후에는 혼자 공부하는 편이 더 낫다. 나는 내가 무엇을 해야 하는지 알려 주고 올바른 방향으로 이끌어 준 뒤에 혼자 할 수 있게 두는 것이 좋다. 나는 내 일을 스스로 처리할 수 있기 때문에 어른이 감독하는 것을 좋아하지 않는다. 성적이 내 성취도를 보여 주는 일종의 점수

판으로 작용한다는 점을 빼고는 성적에 대해서도 크게 신경 쓸 이유가 없다.

　나는 발표 수업에 흥미를 느낀다. 필답 테스트는 잘 못하지만 발표 수업에서는 항상 A를 받는다. 발표를 할 때면 사람들 앞에 설 수 있고 여러 기법을 동원해서 묘미를 살릴 수 있기 때문에 발표는 내게 활력소가 되어 준다. 발표는 몸으로 하는 활동이기도 하다. 발표하는 동안은 움직일 수 있기 때문에 발표하러 나가면 흥분된다. 우리 반에 있는 똑똑한 학생들도 앞에만 나서면 긴장하지만 나는 그렇지 않다. 사람들 앞에서 발표를 잘하는 것은 나의 강점이다. 사실 발표하는 내 모습이 너무나 괜찮아서 실제보다 더 똑똑해 보이는 것 같다.

　나는 늘 마르코 폴로 같은 모험가가 되고 싶었다. 선생님이 수업을 재미있게 진행하면 내게는 그것도 일종의 모험이 된다. 나는 지금까지 언제나 생동감 있게 가르쳐 주는 좋은 과학 선생님들을 만날 수 있었다.

　컴퓨터 시간에는 굉장한 정보를 배운다. 컴퓨터는 나 대신 많은 일을 해 줄 수 있으며 가고 싶은 곳은 어디든지 갈 수 있도록 도와준다. 나는 밀림에서 살아남기 위해 준비하는 화살처럼 수학도 일종의 도구라고 생각한다. 그렇지만 일단 개념을 이해하고 나면 내 능력을 증명하기 위해서 스무 개의 예제를 다 풀 필요는 없다. 영어 수업은 대체로 괜찮다. 수업에서 종종 재미있는 이야기를 다루고, 의사소통에 유용한 내용도 배우게 되지만, 문장을 해석하는 것은 잘 못하겠다. 문장 해석이 왜 중요한지 아무도 알려 주지 않기 때문에 나는 왜 그 공부를 해야 하는지 이해하지 못한다.

　현장학습은 쿨하다. 현장학습도 일종의 모험이며 교실에서 벗어날 수 있는 방법이다. 교실에 하루 종일 앉아 있는 것은 육체적으로 힘들다. 나를 제한된 공간에 한 시간 동안 조용히 앉아 있게 만들려면 도중에 어떤 활동을 할 수 있다든지, 결과적으로 어떤 보상이 있다는 것을 알려 주어야 한다. 장기적인 목표를 성취하도록 유도하려면 중간에 보상을 해 주어야 한다. 나는 프로젝트의 결과로 무엇을 얻을 수 있는지 알고 있을 때 자극되며 열심히 일할 마음이 생긴다. 만약 내게 개인적인 이득이 주어지지 않는다면 아마 일을 하지 않을 것이다. 활동과 자극이 항상 필요한 것은 아니지만 내 흥미를 유지하기 위해서 가끔씩은 필요하다.

나는 적어도 학과 공부에 쓰는 시간만큼은 과외 활동에 투자한다. 운동을 하고 춤추러 가고 밴드에 참여하는 데서 학교생활을 지속할 수 있는 에너지를 얻는다. 나에게는 사업가적 기질도 있다. 방과 후 일주일에 세 번씩 아르바이트를 했다. 일 자체는 그럭저럭 괜찮았지만 다른 사람에게 고용되어 있었기 때문에 자영업을 하고 싶었다. 그래서 남는 시간에 CD, 액세서리, 라디오 같은 물건을 학교 친구들이나 사장의 손님들에게 파는 개인 사업을 시작했다. 내가 개인 사업을 벌이면서 사장과 경쟁하는 입장에 서게 되었다는 사실을 알게 된 그는 손님을 빼돌렸다며 나를 해고했다. 이런 경험 때문에 나는 다른 사람 밑에서 일하는 것이 싫다. 나는 그 사람들과 다른 방식으로 일하는데 대체로 내 방식이 괜찮은 결과를 가져온다. 나는 단도직입적인 사람이다. 오직 결과에만 관심이 있다. "네가 얼마나 열심히 일하는가보다는 네가 얼마나 영리하게 일하는가가 중요하다"라는 태도를 견지한다. 내 식대로 일하고 싶다. 결과가 수단을 정당화해 준다는 마키아벨리의 말은 전적으로 옳다.

나는 외톨이 성향이 있지만 여러 사람과 교제하며 학교에는 친구도 많다. 내 친구들 중 절반은 여학생이다. 나는 여자아이들과 함께 있는 것이 즐겁고 사물에 대해서 다른 견해를 갖고 있는 것이 재미있다. 남자친구들 은 대부분 운동 이야기만 한다. 여자아이들은 운동 외에도 다방면에 관심이 있는데 나도 그렇기 때문에 여자아이들의 사고방식에 끌린다. 여자아이들과의 우정을 통해서 대부분의 남자친구들이 잘 알지 못하는 것들을 배운다. 여자아이들은 상대와 대화를 하고 마음을 열기를 원하며 어떤 여자아이들은 상대가 상황을 주도해 주기를 원한다. 내가 잘할 수 있는 일이 있다면 그건 바로 누군가에게 자신을 맞추는 일이다. 여자아이들에게 맞춰 주는 것은 쉽다.

나는 파티에 자주 간다. 데이트를 할 때 보통은 계획을 세우지 않는다. 그냥 일이 되어 가는 대로 두며 상황을 잘 활용한다. 보통은 친구들과 떼를 지어 놀러 가지만 특별한 데이트를 하는 날은 둘이서만 만난다. 나는 우리 반 여학생들 중 절반 정도와 데이트를 해 보았다. 그 아이들과 진지하게 사귈 생각은 없고 그 아이들도 내 생각을 알고 있다. 데이트를 그만 두게 될 때도 친구 관계는 유지한다. 나는 친구들 사진을 간직하는 습관이 있는데 더 이상 만나지 않는 여자아이들 사진도 갖고 있다.

데이트할 때는 상대방을 재미있게 해 주겠다는 마음가짐으로 나간다. 내게는 다른 사람에게 멋지게 보이는 것이 중요하기 때문에 비싸고 유행하는 옷을 입는다. 그리고 한 달에 한 번 정도는 여자친구를 비싼 식당에 데리고 가서 고급 음식을 먹고 춤을 춘다. 데이트를 할 때면 종종 미래에 대해서 이야기한다. 삶에서 이루고 싶은 것은 무엇이며 어떻게 그 목표에 도달할 계획인지 이야기하면서 내 꿈을 함께 나눈다. 난 크게 성공할 것이다. 매일 출근부에 도장 찍는 일 따위는 안 한다.

일과는 나를 질식시키며 반복적인 숙제는 그 중 최악이다. 나는 행동하는 사람이기 때문에 종이에 인쇄된 내용을 외우라고 하면 괴롭다. 모든 학생이 참여하는 활동적인 수업이 더 좋다. 나는 학교 밖에서도 그런 방법으로 뭔가를 배운다. 내게 무엇인가를 만들라고 하려면 설계도만 주어서는 안 된다. 누군가가 일하는 것을 지켜보면서 방법을 터득할 때까지 함께 일하게 하는 것이 좋다.

나는 학교에서 불량배만 빼고는 모든 사람과 잘 어울린다. 불량배들은 약한 아이를 괴롭히는데 나는 그런 종류의 인간에게는 아무런 동정심도 못 느낀다. 작년에 어떤 아이가 자신보다 어린 아이를 괴롭히고 있기에 누굴 괴롭히고 싶으면 나를 상대하라고 말했다. 그 아이가 나에게도 뭐라고 했지만 그때는 내가 응수하지 않았다. 나는 그 아이가 나보다 컸기 때문에 나를 보지 않고 있을 때 공격하려고 기회를 노렸다. 드디어 어느 날 남자 화장실에서 그 아이를 기습적으로 벽에 밀어붙이고 불량배 짓을 중단하지 않으면 내가 혼내 주겠다고 말했다. 그 아이는 결국 그 짓을 그만두었다. 공정한 싸움은 없다. 싸움에는 승자와 패자만 있을 뿐이다. 나는 지지 않기 위해서라면 무슨 일이든지 한다.

나는 촉각을 곤두세우고 다닌다. 어떤 방에 처음 들어갈 때면 그 방에 있는 모든 사람들을 살펴보고 혹시 그곳에 문제가 있다면 내 능력으로 해결할 수 있는 것인지 확인해 본다. 문제가 일어나기를 기대하는 것은 아니지만 만약의 경우에 대비하고 싶다.

보통은 집에서 가족과 함께 저녁식사를 한다. 그 시간이 대화하기 가장 좋은 시간이다. 학교에서 하루를 보내고 난 후에는 에너지가 떨어지기 때문에 활동적인 일을 하면서 저녁시간을 보낸다. 우리 집 셰퍼드를 끌고 나가서 복종 훈련을 시키기도 한다. 나는 언제나 마지막 순간까지 숙제를 미룬다. 그러니까 밤에 숙제를 하지 않을 때가 많다는 뜻이다. 그 대신 뭔가 활동적인 일을 하는 대가로 스스로에게 약속한다. 아침에 30분 정도 일찍 일어나서 숙제를 해야 할 수도 있지만 괜찮다. 그건 내가 스스로 약속하고 치르는 대가이기 때문이다. 게다가 나는 아침시간에 에너지가 제일 많다.

선 동 형 학 생 의 특 성

선동형은 수완이 좋고 적응력이 뛰어나며 행동 지향적이고 매력적인 사람들이다. 그들은 무엇을 할 것인지 생각하지 않고 우선 행동부터 하는 경향이 있다. 그들의 장점은 직선적이고 결단력 있으며 추진력이 강하고 위험을 감수할 능력이 있다는 것이다. 선동형은 북미 인구 중에서 단지 5퍼센트만을 차지하지만, 교사들이 '가장 가르치기 어려워하는' 학생들 중 12퍼센트를, 과잉행동−충동형 주의력결핍장애로 분류되는 학생들 중 14퍼센트, 부주의형 주의력결핍장애로 분류되는 학생들 중 16퍼센트를 차지한다. 북미에서 선동형의 60퍼센트는 남성이며 40퍼센트가 여성이다.

선동형은 옷을 잘 입고 유행을 선도한다. 성공한 사람의 분위기를 풍길 수 있는 물건들을 좋아하기 때문에 일류 제품을 선호한다. 성인이 되면 그들은 비싼 차를 사며 비싼 브랜드의 옷을 입고 고급 식당에서 식사를 한다. 학생일 경우에는 브랜드 진이나 운동화, 셔츠, 선글라스 등을 선호한다. '가졌으면 과시하라' 라는 좌우명에 따라 사는 것처럼 보일 수도 있다.

선동형은 일어서 있을 때 가장 사고를 잘하는 운동형 학습자들이다. 대체로 느긋하지만 격렬한 활동과 흥분을 필요로 하며 신체적인 활동을 하면서 힘을 얻는다.

흥미를 끄는 프로젝트에 참여하고 있지 않다면 오랜 시간 가만히 앉아 있는 것을 힘들어한다. 주제에 관심이 있을 때는 프로젝트의 목표를 달성하기 위해서 아주 열심히 일한다. 그러나 자신에게 즉각적인 이익이 돌아오지 않는다면 주제에 흥미를 느끼지 못하고 어려워할 것이다. 그들은 규칙, 획일화, 일과, 지루한 일을 싫어한다. 대부분의 숙제가 반복적이기 때문에 선동형 학생들은 숙제가 창의적이고 자극적이며 모험의 성격을 띠지 않는 한 몹시 싫어한다.

선동형은 설득력이 있고 친구를 쉽게 사귀기 때문에 다른 사람에게 일을 시키는 수완이 있으며 종종 학급의 지도자가 된다. 그들은 자극을 얻으려는 동기에서 움직이며 욕구가 긍정적으로 충족되면 바람직한 영향력을 미칠 수 있다. 반면에 자신의 에너지를 분출할 통로를 찾지 못하고 스트레스를 받게 되면 부정적인 영향을 미쳐서 친구들을 바람직하지 못한 방향으로 이끌게 되고 범죄 행위 등 문제 행동을 하게 만들 수도 있다.

선동형 학생은 빨리 자란다. 어릴 때부터 어른처럼 행동하려고 하며 어른 대접 받기를 원한다. 그들은 자신이 하고 싶은 대로 하려고 하며 남이 간섭하는 것을 원치 않는다. 또 온갖 종류의 도전을 즐기며 스릴을 추구하는 사람들로, 활동이 위험할수록 더 좋아한다. 사람들을 좋아하긴 하지만 여러 사람과 피상적인 관계를 맺을 뿐 깊은 관계는 거의 맺지 않는 외톨이들이다. 흥분을 추구하고 싶은 욕구는 있지만 대개는 자신을 억제하는 느긋한 사람들이다. 그러나 싫증이 나거나 위협을 받는다고 느끼거나 누군가가 자신을 터무니없는 상황에 처하게 하거나 자신의 체면을 구기게 한다고 여기면 상황을 반전시키거나 복수하기 위해서 공격적인 행동을 취할 수도 있다.

선동형은 새로운 환경에 처하게 되면 그 상황에 대해 즉시 감을 잡고 본능적으로 그 환경에서 어떻게 하면 성공할 수 있을지 알아차린다. 교사와 긍정적인 관계를 형성하는 것이 그들에게는 몹시 중요하며 교사와의 관계가 수업을 대하는 관점을 결정하는 중요한 요인이 된다. 선동형은 무슨 일을 하든지 이기고 싶어 한다. 실패하는 것을 싫어하며 실패했을 때는 자신의 실패를 교사 탓으로 돌릴지도 모른다. 이기는 것이 너무 중요하기 때문에 거짓말을 하기도 하고 문제 행동을 하도록 다른 학생들을 꾈지도 모른다.

선동형을 가르치는 것은 교사에게 도전과 자극을 주며 보람 있고 재미있을 수도 있다. 선동형은 도전을 좋아하기 때문에 수업마다 자극적이고 경쟁적인 활동을 포함시키거나, 큰 맥락을 먼저 설명해 주거나, 수업을 실생활에 적용할 수 있도록 연결시켜 줌으로써 다가갈 수 있다. 교사는 선동형 학생과 거래를 함으로써 동기를 부여하고 과제를 지속하게 만들 수 있다. 즉, 시간을 정해 주고 성취 가능한 목표를 주며 단기 보상을 해 줌으로써 효과를 볼 수 있다는 것이다. 선동형은 현재형 인간이기 때문에 즉각적인 특전이 미래의 보상보다 효과적이다. 선동형 학생들을 도와줄 수 있는 방법은 표 7.1을 참조하기 바란다.

표 7.1_선동형의 욕구 : 도전과 자극 그리고 즉각적인 보상

선동형 학생을 도와주는 방법
- 자극적인 프로젝트에 참여하게 한다
- 지시가 분명히 전달되었는지 확인한다
- 일어서서 생각할 수 있게 해 준다
- 교훈이 있는 이야기를 들려준다
- 수업시간에 돌아다닐 수 있게 해 주는 방법을 찾는다

- 관심을 갖고 있는 분야에 연관되는 비유를 사용한다
- 운동과 모험에 관한 이야기를 들려준다
- 현장학습을 간다
- 책임을 맡긴다
- 심부름을 보내면서 오가는 길에 짧은 학습을 할 수 있게 한다
- 연기, 춤, 노래, 마임 등을 통해서 수업을 할 수 있게 해 준다
- 게임을 활용한다
- 가능한 한 다양한 체험을 하게 해 준다
- 우선 큰 맥락을 보여 준 후에 세부 내용을 다루도록 한다
- 교과내용을 실용적으로 적용하는 것을 보여 준다
- 과정을 짧은 단계로 쪼갠다
- 이론과 적용을 1대 3의 비율로 제시해 준다
- 스포츠나 기타 자극적인 활동에 참여하도록 장려한다
- 성취했을 때는 즉각적이고 실제적인 보상을 해 준다
- 매 수업마다 무엇인가를 성취하도록 도전을 제시한다
- 장기적인 과제를 내 줄 때는 도중에 단기적인 보상을 해 준다
- 분명하고 간결하게 지시해 준다

교사의 이야기

이 이야기는 일중독형 교사와 선동형 학생 사이에 벌어진 오해를 보여 준다. 교사는 학생이 선호하는 의사소통 채널로 바꾸고 학생이 수업에 적극적으로 참여하도록 유도함으로써 학생이 성공적으로 학습하고 부정적인 행동을 줄여 나가도록 이끌어 줄 수 있었다.

• • •

열일곱 살인 제이슨은 매력적인 아이다. 제이슨은 명석하고 매력적이며 무엇인가에 항상 흥분해 있다. 수업시간에 시범을 보일 때 도와주거나 관심 받는 것을 아주 좋아한다. 급우들도 다양한 프로젝트에서 그 아이가 열의를 보이는 모습을 좋아하는 것 같다. 이러한 특성 때문에 그 아이는 교실에서 이루어지는 학습에 없어서는 안 될 자산이 될 수 있다.

그렇지만 내가 제이슨에게 다가갈 수 있는 방법을 늘 알고 있었던 것은 아니다. 내가 그 아이를 잘 알기 전인 학기 초에는 그 아이를 대하는 것이 상당한 도전이었다. 내용을 복습할 때면 그 아이는 충동적으로 소리를 지르면서 대답했다. 말하기 전에 생각해 보라고 일렀지만 아무 소용 없었다. 나는 학생들이 다음 단계로 편안하게 넘어갈 수 있도록 내용을 상세하게 설명해 주려고 했다. 대부분의 학생들은 조용히 노트를 받아 적고 열심히 들었으며 몇 가지 질문을 하기도 했다. 반면 제이슨은 꼼지락거리며 옆 친구에게 말을 걸었다. 내가 눈치를 주면 그 아이는 항상 "제가 뭘 어쨌는데요? 전 아무 짓도 하지 않았어요"라는 말로 응수했다. 제이슨의 행동은 정말 내 속을 뒤집어 놓았고 수업에 방해가 되었지만 나는 내가 수업을 재미있게 준비하지 못했을 수도 있다는 느낌을 떨쳐 버릴 수 없었다.

결정적인 계기는 제이슨의 행동이 유난히 수업에 방해가 되어서 그 아이에게 조용히 하라고 계속 주의를 주던 날 일어났다. 중간에 10분을 쉬고 90분간 지속되는 수업이었다. 쉬는 시간이 되어서 학생들이 줄지어 나가자 나는 수업 계획의 나머지 부분을 재빨리 훑어 보고는 계획을 다시 짜기 시작했다.

나는 우선 제이슨을 교실 앞쪽에 앉혀야겠다고 생각했다. 두 가지 목적을 위해서였다. 하나는 제이슨의 행동을 좀 더 잘 감시하기 위해서였고 또 하나는 내가 몇 가지 과제를 줄 때 그 아이가 나를 돕게 하기 위해서였다. 나는 학생들이 내용을 제대로 이해했는지 알아보기 위해서 간단한 자가 진단을 실시하기로 결정했다. 그런 후에 좀 더 확실히 배우게 해 주기 위해서 학생들을 그룹으로 나누어 손을 써서 하는 몇 가지 기구 조작과 게임을 할 생각이었다. 각 그룹은 서로 다른 주제를 다루기로 되어 있었다. 그룹은 10분마다 자리를 바꾸었다. 나는 제이슨이 활동적인 것을 좋아하며 무엇이든 몰두해야 하는 학생임을 파악하고 있었다. 학생들이 교실로 돌아오자 나는 아이들에게 자가 진단을 하게 하고 제이슨을 불러서 분명하고 단호한 목소리로 수업 중에 제이슨이 몇 가지 일을 해 줄 것으로 믿고 있는데 그 일을 하기 위해서는 앞쪽에 앉을 필요가 있다고 말해 주었다. 그리고 벽장으로 가서 교재를 꺼내 오라고 지시했다. 내가 그룹을 짜는 동안 제이슨은 각 그룹의 테이블마다 한 세트씩 교재를 배치해 놓았다. 나는 그 아이에게 그룹활동에 합류하되 시간을 재는 일도 해야 한다고 말했다. 매 10분마다 그룹의 위치를 바꿔야 한다고 알리는 일을 맡긴 것이다.

제이슨의 반응은 매우 긍정적이었으며 주어진 지시사항에 잘 따랐다. 나는 그날 제이슨이 교실을 나갈 때 도와줘서 고맙다고 인사했다. 제이슨은 진심으로 기쁜 것처럼 보였으며 자기가 잘했으니까 숙제를 안 해도 되겠느냐고 물었다. 나는 잠시 생각한 후에 대답했다. "오늘 밤에 숙제를 하고 내일 아침 수업 전에 검사를 받아라. 그런 다음에 네가 '선생님'이 되어서 다른 학생들의 숙제를 고쳐 주는 역할을 할 수 있게 해 줄게."

제이슨에게 지시형 채널을 사용하고 친구들을 이끌 수 있는 기회를 주었더니 숙제를 하는 데 필요한 동기가 생겼다. 그 일이 있은 후부터 내가 수업 중에 아주 잠깐이라도 그 아이가 몰두할 수 있게 도와주고 적극적으로 무엇인가를 하도록 유도해 주기만 하면 문제 행동은 눈에 띄게 줄었다. 그리고 우리는 좋은 관계를 유지할 수 있었다.

* * *

많은 교사의 성격 구조 안에는 선동형 기질이 가장 덜 발달되어 있다. 따라서 교사들은 선동형 학생들과 의사소통하고 그 학생들에게 동기부여해 주는 것을 어려워한다. 이 이야기에서는 일중독형 교사가 제이슨이 가진 자극과 활동에 대한 욕구를 충족시켜 주기 위해서 때때로 돌아다닐 수 있고 다양한 활동에 참여할 수 있게 해 주는 과제를 만들어 냈다. 또 제이슨이 무엇을 해야 하는지를 정확히 알고 있는지 확인하기 위해서 그 아이가 선호하는 의사소통 채널인 지시형 채널로 바꾸어 보았다. 이러한 전략들은 효과가 있었고 교사와 제이슨은 바람직한 관계를 유지할 수 있었다.

chapter
08

PCM과 기존 학습이론의
통합방법

PCM은 이미 나와 있는 학습자 중심적인 교수법과 무척 잘 맞는다는 점에서 매우 유용하다. 오늘날 많은 교육자들은 다중지능이론, 다양한 학습양식이론, 두뇌에 근거한 학습, 협동학습, 또래교수 같은 방법을 수업에 활용하고 있다. PCM은 교수 내용을 전달하는 이러한 방법들을 더욱 효율적으로 보완해 준다.

다 중 지 능 이 론

1983년에 하버드 대학의 하워드 가드너 교수는 일곱 가지(지금은 여덟 가지로 늘어났다) 능력의 영역을 지능이라고 정의하고 밝혀냄으로써 모든 학생들이 갖고 있는 광범위한 능력을 파악할 수 있는 길을 열었다. 그 유명한 다중지능이론(Multiple Intelligence, MI)이 바로 그것이다. 모든 사람이 여섯 가지 성격유형을 각각 다르게 조합된 상태로 갖고 있듯이 이 여덟 가지 지능도 누구나 갖고 있다. 다만 사람에 따라서 영역별 지능 발달 정도에 차이가 있을 뿐이다. 학교는 전통적으로 이러한 지능들 중 두 가지 영역 즉, 언어지능과 논리·수학지능으로만 학생들의 성취도를 측정해 왔다. 이런 영역에 취약한 학생들은 종종 학습장애가 있는 것으로 분류되곤 했다. 그러나 가드너가 밝혀낸 그 밖의 지능들은 광범위한 교수, 학습, 평가 가능성을 열어서 전통적인 교수법을 사용할 때보다 교사들이 더 많은 학생들에게 다가갈 수 있게 되었다. 이제는 많은 교육자들이 수업을 구상할 때 가드너의 이론을 채택하고 있다.

연구자들은 오늘날처럼 다양한 학생들이 뒤섞여 있는 교실에서 이들에게 효율적으로 다가가기 위해서는 수업 계획을 짤 때 다중지능이론을 포함시킬 것을 권장한다. 다중지능이론을 활용하면 다양한 수업 전략을 개발해서 교실에서 손쉽게 실천하는 것이 가능해지기 때문이다. 수업을 구성할 때 여덟 가지 지능의 개념을 포함시키는 교사들은 각 학생이 지닌 강점에 보다 잘 맞추어서 가르칠 수 있다. 만약 이러한 학습활동들이 칼러가 분류한 각각의 성격유형에 따르는 욕구까지도 충족시켜 준다면 학생들은 학습과정에 더욱 충실히 참여하게 될 것이다. 가드너가 분류한 여덟 가지 지능은 다음과 같다.

1. **언어지능**_ 말이나 글을 통해서 어휘를 효과적으로 구사할 수 있는 능력
2. **논리·수학지능**_ 숫자를 효율적으로 사용해서 범주화, 분류, 계산, 가설검증 등을 할 수 있는 능력
3. **공간지능(그림 인식)**_ 색채, 선, 형태, 모양, 공간, 이들 간의 관계와 같은 공간·시각적인 개념을 인식할 수 있는 능력
4. **신체·운동지능(신체 인식)**_ 운동경기능력, 손재주, 유연성, 민첩성 등 생각과 느낌을 표현하기 위해서 몸을 사용할 수 있는 능력

5. 음악지능(음악 인식)_ 음악과 리듬을 감지하고 연주할 수 있는 능력

6. 대인관계지능(인간 인식)_ 다른 사람을 이해하고 적절하게 반응할 수 있는 능력

7. 자기이해지능(자아 인식)_ 자신을 이해하고 그 이해가 의도, 동기, 욕구에 어떻게 영향을 미치는지 인식할 수 있는 능력

8. 자연지능(자연 인식)_ 식물, 동물 세계와 같은 다양한 형태의 자연을 이해하고 자연계의 관계를 이해할 수 있는 능력

　표 8.1은 '열대 우림을 보호하자'는 단원을 공부할 때 여섯 가지 성격유형의 욕구를 고루 충족시켜 주고 가드너가 제시한 여덟 가지 지능을 동시에 다룰 수 있는 활동을 보여 준다. 이 활동에서는 학생들 자신이 작업하고 싶은 프로젝트를 선택할 수 있게 해 준다. 투시화를 그리게하면 반항형은 자신이 가진 예술적인 재능을 활용할 수 있고 선동형은 부지런히 손을 써서 작업에 몰두할 수 있게 된다. 또한 자연지능이 높은 학생은 자연 속의 장면을 묘사할 수 있고 공간지능이 높은 학생도 자신의 재능을 활용할 수 있다. 그리고 몽상형도 전체적인 지면 배정을 생각하고 장면의 일부를 통합하고 디자인하는 능력이 뛰어나기 때문에 자신의 재능을 활용할 수 있다. 몸짓을 곁들인 노래나 랩을 포함하면 학생들은 음악지능과 신체·운동지능을 활용할 수 있다. 또 반항형이 가진 창의성을 활용할 수 있게 해 주고, 선동형이 작업에 몰두하고 활동의 중심에 설 기회를 준다. 일중독형과 끈기형은 언어지능이 뛰어난 다른 학생들과 함께 조사 활동을 하며 사실을 수집하고 발표하는 작업을 즐길 것이다. 또한 그들은 수학적 지능도 강해서 도표를 통해 정보를 종합,

분류, 표현할 수 있다. 대인관계지능이 높은 학생들과 반응형은 그룹으로 작업하는 일을 즐길 것이며 열대 우림을 보호함으로써 어떤 영향을 받을 수 있는지 탐구하는 일에 흥미를 느낄 것이다. 자기이해지능이 높은 학생들은 자신의 아이디어를 숙고하고 프로젝트를 혼자서 창조적으로 만들어 내고 싶어 한다. 이것은 역시 숙고할 시간을 필요로 하는 몽상형이나 독립적으로 일하는 것을 좋아하는 선동형에게도 적합한 활동이다.

표 8.1_학습양식과 성격유형에 따라 계획한 학습활동

활동	지능	성격유형
열대 우림의 현 상태를 보여 주는 투시화를 디자인한다	공간지능 자연지능	반항형 선동형 몽상형
열대 우림을 보호하는 방법을 보여 주기 위해 몸짓을 곁들인 노래와 랩을 공연한다	음악지능 신체·운동지능	반항형 선동형
열대 우림의 현 상태의 원인과 위치 정보를 담은 자료를 조사하여 발표를 준비한다	언어지능	일중독형 끈기형
열대 우림에서 일어나는 다섯 가지 상태 변화에 대해서 자료를 수집하고 도표를 작성한다	논리·수학지능	일중독형 끈기형
열대 우림의 보호가 인간과 동물에게 어떤 영향을 미칠지에 대해서 그룹 연구를 진행한다	대인관계지능	반응형
열대 우림을 보호하는 방법을 보여 주는 개인 프로젝트를 고안한다	자기이해지능	몽상형 선동형

학습 양식 이론

학습양식은 정보를 이해하고 사고하며 처리할 때 각자가 선호하는 방식을 뜻한다. 여러 가지 학습양식이론들은 인지과정의 서로 다른 측면을 다룬다. 밴들러와 그린더가 발전시켜서 가장 널리 알려진 학습양식이론은 학습과정을 입력과 반응양식에 따라서 시각적 양식, 청각적 양식, 촉각·신체적 양식으로 분류한다. 학생들은 학교에서 하루 종일 정보를 받아들일 뿐만 아니라 자신이 아는 것을 표현하도록 요구된다. 교사가 자료를 시각적, 청각적, 촉각·신체적 양식으로 제시하고 학생들에게 이러한 양식을 통해서 무엇을 배웠는지 표현하라고 하면 아마 기대했던 것보다 학생들이 많이 알고 있음을 발견하게 될 것이다.

일중독형과 끈기형은 청각적 학습자일 가능성이 높지만 다른 양식도 잘 수용한다. 이들은 강의를 듣고 자료를 수집하고 구두로 전달되는 정보를 종합하고 토론에 참여하는 활동을 편안하게 한다. 또한 내용을 조직적으로 받아 적으며 자신이 들은 것을 잘 기억한다. 반응형도 토론을 좋아하며 특히 친구들과 소그룹으로 토론하는 것을 즐긴다. 그렇지만 학습내용이 시각적 흥미를 끄는 형태로 주어질 때도 잘 반응한다. 몽상형은 공작이나 컴퓨터 프로그래밍처럼 직접 접할 수 있는 과제에 가장 잘 반응한다. 그리고 과제가 잘 구성되어 있고 글로 적힌 지시를 받을 때 더 잘 학습한다. 촉각·신체적 양식을 선호하는 반항형과 선동형은 몸을 움직이거나 다른 사람과 접촉하면서 배울 수 있을 때 학습내용을 더 잘 연결시키고 흥미롭게 받아들이기 때문에 실험을 하거나 컴퓨터 프로그램을 사용하거나 모형을 제작하는 것이 정보에 집중할 수 있게 만드는 최선의 방법이다.

환경적, 정서적, 심리적 그리고 인간적인 관계 또한 학습양식에 있어서 고려해야 할 중요한 요소다. 반응형 학생은 정서적으로 안락함을 느낄 수 있는 교실환경을 필요로 한다. 그들은 무엇보다도 자신의 느낌과 정서를 통해서 교과내용에 연결될 수 있어야 한다. 그들은 자신이 공부하는 주제가 다른 사람과 사회에 어떤 영향을 미치는지에 관심이 있다. 정서적 요인과 심리적 요인은 자신의 가치관, 태도, 신념체계를 통해서 학습내용을 받아들이는 끈기형에게도 매우 중요하다.

교사와 학생 사이의 관계는 반응형, 끈기형, 선동형, 반항형에게 중요한 요소다. 반응형은 자신을 좋아한다고 생각하는 교사와 따뜻한 관계를 유지할 때 가장 잘 학습한다. 끈기형은 교사와 진실성, 믿음 그리고 존경이 담긴 관계를 맺어야 의미 있는 학습을 할 수 있고 교사가 가르치는 내용을 진지하게 받아들일 수 있다. 선동형은 자신이 좋아하고 존경하는 교사의 수업시간에는 열심히 공부할 것이고 반항형은 교사가 수업시간에 유머를 구사하면 개별적으로 가까워지고 싶고 잘하고 싶다고 생각할 것이다. 한편 일중독형은 학습내용이 가장 중요하다고 생각하기 때문에 학생이 교사를 싫어하는 상황에서도 학습은 이루어질 것이다. 몽상형에게는 개별적인 관계와 교류는 그다지 중요하지 않다. 몽상형은 아이디어, 기계적인 도구들에 더 흥미를 보이며 관계 속에 들어가기보다는 관찰하는 것을 더 즐긴다.

그렇지만 교실에서 주어지는 정보를 수용하는 학생의 능력에 영향을 미치는 다른 요소들도 있다. 이런 요소 중 하나는 구체성 대 추상성이다. 구체적인 학습을 하는 학생은 만지고 조작하고 다룰 수 있는 사물을 통해 배우는 것을 좋아해서 게임, 동작, 실습을 통한 학습을 선호한다.

반항형과 선동형은 구체적인 학습자일 때가 많다. 그들은 체험을 통해서 배워야 하며 학습이 자신의 삶과 연관되어 있어야 한다. 일중독형, 끈기형, 몽상형과 반응형은 책, 어휘, 아이디어, 대화 같은 보다 추상적인 양식을 통해서 더 잘 학습한다. 몽상형은 책과 어휘의 세계에서 고독을 즐기며 반응형은 아이디어나 사람을 주제로 대화하는 것을 좋아한다.

학생이 적극적으로 학습할 때 결과가 좋은지 또는 숙고하며 학습할 때 결과가 좋은지도 고려해 봐야 할 요소다. 반항형이나 선동형처럼 적극적인 학생들은 행동하면서 배운다. 그들은 과목을 체험하기 위해서 그 안에 뛰어들어 즉각적인 행동을 취한다. 그들은 실험을 좋아하며 내용을 이해할 때까지 계속 무엇인가를 해야 한다. 반면 몽상형 같은 내성적인 학생은 내면에서 반응한다. 그들은 정보를 받아들인 후 어떤 행동을 취하기 전까지 모든 가능성에 대해서 숙고한다. 그들은 종종 다른 학생들이 하는 것을 수동적으로 지켜보기만 한다.

일중독형이나 끈기형은 혼자 또는 소수의 파트너와 작업하는 것을 좋아한다. 스스로 시간표를 짜고 자신만의 속도로 탐구하며 그 결과물에 자신의 이름을 써넣고 싶어 한다. 그들은 내면적인 동기에 따라 움직인다. 몽상형도 혼자 공부하는 것을 좋아하지만 과제를 완수하기 위해서는 외부적인 자극과 지시가 필요하다. 그들에게는 과제를 쪼개 주어야 한다. 선동형도 외부적인 동기가 필요하다. 그들은 여러 그룹의 일원이 되고 싶어 하지만 자신이 전적으로 떠맡지 않는 한 특정 프로젝트에 전념하지는 않는다. 교사를 위한 평가도표(그림 8.1)는 각 유형에게 다가갈 수 있는 가장 좋은 방법들을 소개한다.

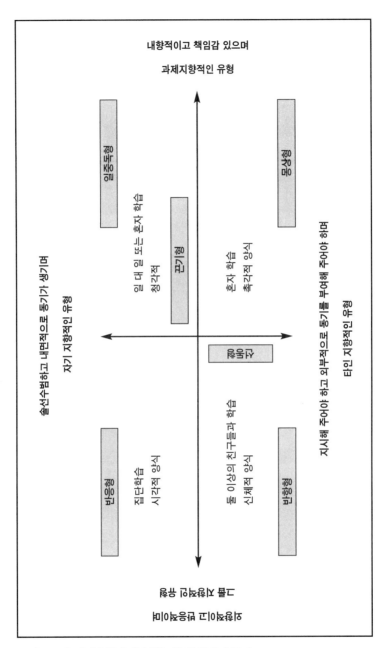

그림 8.1_ 각 성격유형이 선호하는 강의 양식과 동기

대부분의 경우 교사들은 자신에게 가장 편한 학습양식으로 교재를 제시한다. 그러나 모든 학생들과 효율적으로 의사소통하고 다가갈 수 있는 열쇠는 가르치는 양식과 평가 기술을 다양하게 구사하는 것이다. 학생들이 여러 양식으로 받아들일 수 있도록 다양한 선택사항을 제공하는 것이 학습의 가능성을 가장 넓게 열어 주는 길이다.

두 뇌 에　근 거 한　학 습

두뇌 연구에 근거를 둔 새로운 교수 패러다임이 생겨나면서 교수내용의 전달방식에 변화가 일고 있다. 연구결과들은 "두뇌를 발달시키려면 대안이 될 만한 방법들과 다양한 대답을 탐구하게 하고 비판적 사고, 창의적 통찰을 장려해야 한다"고 알려 준다. 정보를 학습하기 위해서는 각자에게 맞는 모델을 만들어 낼 필요가 있으며 최대한의 학습이 이루어지기 위해서는 여러 가지 개별적인 요인들을 고려해야 한다. 두뇌에 근거해서 최적의 학습 조건을 연구해 온 학자들은 학습활동을 설계할 때 다음과 같은 핵심사항을 고려하라고 제안한다.

- 다중지능이론
- 다섯 가지 감각(특히 시각적, 청각적, 촉각적)을 통한 입력
- 학습선호도(좌 · 우뇌 반구, 추상적 · 구체적 학습)
- 학생의 개별적인 과거와 현재 처한 상태
- 학생의 일상생활과의 연관성

　학습과 관련된 두뇌의 세 가지 중요 영역은 1) 기억, 이해, 응용, 비

교, 종합, 분석 기능을 담당하는 인지 영역(우리가 아는 것을 담당), 2) 가치, 태도, 참여, 느낌을 담당하는 정서 영역(우리가 느끼는 것을 담당), 3) 각종 조작과 조정을 할 수 있는 신체적 기술을 담당하는 정신운동 영역(우리가 행하는 것을 담당)이다. 이 세 가지 영역을 한 수업 또는 한 단원에서 모두 다룰 때 학생들이 가장 잘 배울 수 있다.

학생들이 수업내용을 배우고 기억하도록 돕기 위해 두뇌에서 신경연결이 일어나도록 촉진하는 방법은 도표 구성, 부연, 암기, 또래교수, 요약, 역할놀이, 연대기 활용, 게시판 활용, 의상 활용, 색 부호화, 동작, 음악, 게임, 재연, 구연, 토론, 학생이 질문하기 등 여러 가지가 있다. 표 8.2에서 볼 수 있듯이 이러한 기법들은 서로 다른 성격유형의 흥미를 끌 수 있다. 물론 모든 학생들이 예외 없이 즐길 수 있는 방법들도 있다! 수업에 이런 학습활동을 포함시키거나, 학생이 지식을 받아들이고 표현하는 방법을 스스로 선택할 수 있게 해 주면 학생은 보다 성공적으로 학습하게 될 것이다.

대부분의 수업과 평가는 암기에 집중하는 경향이 있다. 그러나 우리의 두뇌는 여러 신경 회로가 동시에 자극받을 때 학습이 가장 잘 이루어진다. 그렇기 때문에 소란스럽고 바쁘게 진행되며 학생들에게 선택권을 주는 수업, 체험학습과 일상생활의 활동을 포함하는 수업, 정서를 자극하는 수업을 하면 학생들이 지식을 통합하고 학습을 극대화할 수 있도록 도움을 줄 수 있다.

표 8.2_각 성격유형에 적합한 학습활동

성격유형	학습활동
반응형	도표 구성, 구연, 또래교수, 게시판 활용, 의상 활용, 토론
일중독형	도표 구성, 부연, 암기, 학생이 질문하기, 요약, 연대기 활용, 토론
끈기형	부연, 암기, 또래교수, 학생이 질문하기, 토론
몽상형	도표 구성, 요약, 색 부호화
반항형	암기, 역할놀이, 게시판 활용, 의상 활용, 색 부호화, 동작, 음악, 게임, 재연
선동형	또래교수, 학생이 질문하기, 역할놀이, 토론, 동작, 게임, 재연, 구연

협동학습

협동학습은 오늘날 교실에서 큰 인기를 끌고 있다. 협동학습은 학생들 사이의 상호작용을 학습과정의 일부로 포함시키는 협동교수전략에 기초해서 개발되었으며 학생과 학생이 서로 조언해 주고, 교과내용을 숙지하며, 사고력을 개선시키고 팀워크를 통해 특화된 역할과 과제에 참여하도록 유도하는 데 집중한다.

협동학습을 수업에 포함시키면 학생은 파트너 또는 팀과 함께 자신의 기술을 개발하고 강화할 기회를 갖게 된다. 협동학습에서 가장 큰 혜택을 받는 성격유형은 반응형이다. 다른 사람과 작업할 수 있게 해 주며 자신의 아이디어에 대한 상대방의 반응을 살펴볼 수 있고 팀의 구성원이 될 수 있게 해 주는 전략들이 반응형 학생들에게 가장 큰 도움이 된다. 이들에게는 우정과 소속감이 인생에서 가장 중요한 요소다. 따라서 이러한 요소를 학습으로 연결시키면 사실과 개념을 파악하는 능력을 향상시켜 줄 수 있다.

몽상형도 그룹이 너무 크지 않고 역할과 책임 분담이 명확할 때는 혜택을 받을 수 있다. 수업을 명확하게 설계하면 몽상형 학생들에게 과제를 자동적으로 구성해 줄 수 있으며 그룹의 구성원들도 몽상형 학생이 과제에 집중하고 지속할 수 있도록 도움을 줄 수 있다. 몽상형은 학급 전체에 속해 있을 때보다 네댓 명으로 이루어진 그룹 안에 있을 때 더욱 효과적으로 학습할 수 있다.

끈기형과 일중독형이 속해 있는 그룹에도 역할과 책임 분담을 명확하게 해 주는 것이 중요하다. 안 그러면 이런 학생들은 그룹을 떠맡아서 모든 과제를 혼자 다 하려고 할지도 모른다. 일중독형 학생에게는 그들이 가진 조직력과 책임감을 활용할 수 있는 과제와 지도자 역할을 맡길 수 있다. 끈기형 학생의 경우에는 과제의 목적을 이해하고 그 프로젝트를 지지하도록 유도해 주면 종종 이 학생들이 그룹의 동기를 지속시키는 데 도움을 줄 수 있다.

선동형과 반항형도 친구들과 더욱 많이 접촉하고 아이디어를 나눌 수 있으며 그룹 내에서 지도자 역할을 맡을 기회가 많기 때문에 협동학습을 좋아한다. 협동학습에는 실질적인 프로젝트와 규모가 큰 그룹 앞에서 하는 발표가 포함된다. 이러한 활동들은 반항형과 선동형의 흥미를 끌며 교실에서 재미와 흥분을 체험하고 싶어 하는 그들의 욕구를 충족시켜 준다. 선동형은 자신의 역할을 알고 스스로 준비할 수 있도록 개별 시간을 가질 수 있으면 만족해한다. 나아가서 그들은 그룹에 속한 모든 학생이 내용을 알도록 확인하는 과제까지 책임질 수 있다. 반항형과 선동형은 팀에서 발표하는 역할을 좋아한다. 전통적인 강의, 작문, 독해보다 협동학습을 활용한 수업이 이런 학생들의 욕구를 충족시킬 기회를 더 많이 제공한다.

팀별 단어 짜기 활동은 각 성격유형의 욕구를 충족시켜 주는 협동학
습의 한 예를 보여 준다. 이 활동에서 다섯 명으로 이루어진 각 그룹에
는 커다란 종이와 각 구성원마다 다른 색깔의 사인펜이 주어진다. '서부
로 가는 이주 행렬에 작용했던 동기'에 관해 브레인스토밍(집단이 행하
는 아이디어 개발법, 자유로운 토론을 통해서 생각나는 것을 자유롭게
말하며 하나의 아이디어를 발전시켜 나가는 방법—옮긴이)을 하는 것이
주어진 과제다. 이 주제는 종이의 중앙에 그려진 동그라미 속에 적혀 있
다. 그런 후에 각 구성원은 19세기에 사람들이 서부로 이동한 이유를 담
은 '망'을 짜는 데 참여한다. 여러 명의 구성원이 동시에 아이디어를 적
을 수 있으며 다른 학생의 아이디어에서 가지를 칠 수도 있다. 과제가
완료되었을 때 학생들은 각자에게 주어진 사인펜으로 자신의 이름을 쓴
다. 그런 후에 각 팀은 자신들이 만든 아이디어 망을 반 전체와 나누는
일에 모든 팀 구성원이 참여할 수 있는 방법(예를 들어, 두 학생이 종이
를 들고 있고 나머지 셋이 아이디어를 읽어 준다)을 생각해 내야 한다.
교사는 사인펜 색깔로 누가 어느 정도 참여했는지를 알 수 있다.

이런 유형의 협동학습에서는 학습이 이루어짐과 동시에 각 성격유형
이 자신만의 역할을 찾아낼 수 있다. 반응형은 그룹으로 활동하는 과정
을 즐긴다. 일중독형은 많은 아이디어를 내놓을 것이고 끈기형은 모든
학생이 과제에 참여하도록 독려할 수 있다. 반항형은 그림을 그리고,
여러 색깔로 표현된 아이디어들을 볼 기회를 갖는다. 선동형은 사인펜
을 사용하는 활동을 즐기며, 아이디어를 내놓아야 한다는 도전 때문에
자극받고 또 완성된 결과물을 친구들과 나누는 일을 좋아할 것이다. 몽

상형은 자신만의 시간을 가질 수 있고 또 다른 학생들의 아이디어를 보고 그 위에 자신의 생각을 보탤 수 있다. 팀별 단어 짜기는 모든 성격유형의 특성을 아우르는 활동으로, 여러 학생들이 참여할 수 있게 해 주는 다양한 협동학습 수업의 한 예일 뿐이다.

또래교수

유치원에서 고등학교에 이르기까지 학생들은 다른 사람을 가르치는 일을 좋아한다. 또래교수는 여러 형태로 진행될 수 있다. 대부분의 또래교수는 나이 많은 학생이 자신보다 어린 학생을 가르치거나 보다 유능한 학생이 도움을 필요로 하거나 수업을 놓친 학생들을 가르치는 것에 집중한다. 그러나 반 전체를 참여하게 하는 또래교수 모델도 있는데 이것은 서로 가르치는 교수법으로 초등학교와 중학교에서 긍정적인 학업 성취를 가져온다는 연구결과가 있다. 학생이 학생을 가르치는 방법이 지닌 가능성은 무한하다. 그리고 학교에서 손쉽게 동원할 수 있으면서도 가장 풍부하고 경제적이며 의욕적인 자원인 학생 본인들을 참여시키는 방법이다.

여섯 가지 성격유형이 또래교수 모델에 어떻게 반응하는지 살펴보자.

- 반응형은 남을 도와줄 수 있거나 남이 자신을 필요로 하는 상황을 무척 좋아한다. 또래교수는 이런 학생들이 돕는 역할을 통해서 친구들과 상호작용을 하고 긍정적인 관계를 맺을 수 있는 완벽한 방법이 된다.
- 일중독형은 대체로 자신에게 주어진 과제를 신속하게 마친다. 일중독형 학생에게 있어서 또래교수는 자신이 아는 것을 다른 학생에게

나눠 줄 수 있는 기회가 된다. 나아가서 다른 사람을 가르치는 일에는 조직력과 책임감이 포함되어 있기 때문에 일중독형의 강점을 활용할 수 있다.

- 끈기형은 종종 다른 사람을 돕는 일에 강한 신념을 갖고 있다. 또한 학생은 늘 최선을 다해야 한다는 가치관을 지니고 있다. 끈기형 학생의 경우 또래교수는 봉사할 수 있는 기회를 주며 인내심과 성실함을 존중하는 그들의 가치관을 다른 학생과 나눌 기회를 주기도 한다.

- 몽상형은 다양한 방식으로 또래교수의 혜택을 받는다. 몽상형 학생이 가르치는 역할을 맡으려면 누군가를 가르칠 수 있을 만큼 내용을 충분히 학습해야 한다. 또 배우는 입장에 있다면 일 대 일로 진행되며 자신의 페이스에 맞춰 공부할 수 있는 또래교수를 통해 혜택을 받을 수 있다.

- 반항형은 또래교수를 통해 직접적인 접촉을 할 수 있고 분산되지 않은 관심을 받을 수 있기 때문에 좋아한다. 또 그들은 종종 다른 학생의 학습에 도움이 될 만한 창의적인 아이디어를 생각해 내기도 한다. 또래교수 상황에서는 반항형 학생들이 과제를 지속하는 게 좀 더 쉽다. 또한 수업의 속도를 그들이 집중할 수 있는 시간에 맞출 수 있으며 낭비할 시간을 주지 않기 때문에 이들의 주의가 분산되지 않는다.

- 선동형은 관심의 대상이 되는 것을 좋아하며 주도권을 쥐고 싶어 하기 때문에 또래교수가 이들의 자부심을 높여 주는 데 도움이 된다. 그리고 다른 학생을 가르쳐야 하기 때문에 선동형 학생에게 내용을 숙지해야겠다는 동기를 부여해 준다. 선동형 학생들은 건전한 방식으로 리더십을 발휘할 수 있는 기회가 주어지면 또래에게 긍정적인

영향을 미칠 수 있다.

어휘, 독해, 내용 파악과 같은 영역에서는 비슷한 수준에 있는 학생끼리 공부하는 또래교수가 효과적이다. 그리고 한 학급에서 보다 수준 높은 공부를 하는 학생은 학습에 어려움을 겪는 친구를 가르칠 수 있다. 또 상급생과 하급생 사이에 연령을 뛰어넘는 또래교수 방법을 시행할 수도 있다. 나아가서 졸업에 필요한 봉사활동을 해야 하는 중·고등학생이라면 친구들이나 후배들을 가르칠 수도 있다. 평소에 학교에서 학습 또는 행동상의 문제 때문에 어려움을 겪던 학생들이 다른 누군가의 학습에 참여하는 책임이 주어졌을 때 개선되는 모습을 보이는 경우도 많다. 나아가서 연령을 뛰어넘는 우정이나 장애를 가진 학생과의 우정이 자라나기도 한다. 또래교수를 하다 보면 자신에게 적절한 역할 모델을 찾아낼 수도 있다. 또래교수는 학생의 학업과 사회성 영역에서 개선을 가져오며 각각의 성격유형 모두에게 다가갈 수 있는 교수방법이다.

요 약

교육자들은 가르치고 배우는 활동에 있어서 새로운 전략과 개념들을 끊임없이 개발하고 있다. 우리는 다중지능이론, 학습양식이론, 두뇌에 근거한 학습, 협동학습, 또래교수처럼 많은 학교에서 이미 사용 중인 몇 가지 예들을 살펴보았다. 교사가 이러한 방법을 실행할 때 칼러 박사의 성격유형이론을 접목시킬 수 있다면 학습과 성취도는 크게 개선될 것이다. 학생이 다양한 수업 형태를 통해서 욕구를 충족시키게 되면 그 아이들은 보다 행복하고 생산적인 학교생활을 하게 될 것이다.

학생들을 스트레스에서 구하는 방법

정서적 웰빙이 학교와 직장에서의 성취도를 가장 확실하게 예측해 준다. 학생이 학습에 전념할 수 있으려면 신체적, 정신적 위험에서 안전하다고 느껴야 한다는 사실은 분명하다. 학생이 현실에서든 상상 속에서든 협박이나 거부를 당한다고 느끼거나 수치심이나 무력감을 느낀다면 학생은 말썽을 피우거나 움츠러드는 반응을 보일 것이며 학습이 제대로 이루어지기 어려울 것이다. 학생이 자신의 에너지를 곤경에서 벗어나는 방법을 찾아내는 데 소모하는 동안 생각하고 기억하는 능력은 손상된다. 역으로, 학생의 심리적 욕구가 충족되면 학교생활을 잘할 수 있다. 사실 학생은 활동이 의미 있을 때 즉, 활동이 정서적 욕구의 충족으로 이어질 때 가장 잘 학습한다. 수업시간에 그러한 욕구가 충족되면 학생들은 배우고 싶어 하며 최고의 수준에 이르고 싶어 한다. 따라서 학생이 교실에서 받는 스트레스를 줄이는 것이 학습에 있어서 필수적인 선행조건이다.

학생은 욕구가 충족되지 못하면 스트레스를 받게 된다. 학생은 가정에서 처해 있는 다양한 상황(이혼, 가난, 비좁은 주거환경 등)이나 학교에서 벌어지는 상황(시험, 불안, 따돌림 등) 때문에 스트레스를 받을 수 있다. 스트레스는 심지어 학생 본인이 자초할 수도 있다(죄책감, 수치심, 무력감 등). 학생들이 자신의 욕구를 긍정적으로 충족시킬 수 있는 방법을 찾지 못하면 그 아이들은 부정적인 방법이라도 찾게 된다. 교실에서 학생들이 어려움에 처하게 되면 성격유형에 따라 특정한 문제 행동을 보이게 된다.

여러분들은 학생이 욕구를 충족시키기 위해서 부정적인 행동을 보이는 모습을 본 적이 있을 것이다. 반항형 학생들은 친구나 어른들의 관심을 끌기 위해서 도발적인 옷차림을 하거나 보디 피어싱을 한다. 선동형은 규칙을 따르라는 말을 들었을 때 교사에게 따지거나 교사와 힘겨루기를 하기도 한다. 일중독형은 자신이 속한 협동학습 그룹에 염증을 느껴서 모든 과제를 혼자 하겠다고 화를 낼 수도 있다. 끈기형은 친구들의 의견을 심하게 비판할 수 있으며 반응형은 의기소침해지고 실수했을 때 울기도 한다. 몽상형은 사라져 버리거나 창밖을 멍하니 바라보거나 그저 아무것도 하지 않을 때도 있다.

교사는 일단 학생들의 성격유형을 파악하고 학생들이 그런 유형 특유의 스트레스 행동을 보이고 있다는 사실을 파악할 수 있어야 한다. 그러면 교사는 의사소통할 때 유형별로 선호하는 채널에 대해 자신이 알고 있는 지식을 즉각 적용할 수 있고 유형별로 충족되지 못한 욕구를 판단하는 능력을 활용할 수도 있다(1장 참조). 이러한 지식을 갖추었을 때 교사는 보다 손쉽고 적절하게 긍정적인 조정을 할 수 있게 된다. 학생들이 그저 활력소를 원하는 것뿐이라면 아주 작은 상황이나 사건만 주어져도 욕구가 충족되면서 문제가 해결되기도 한다. 친절한 인사말을 건네거나 심부름을 시키는 것 정도가 해결방법이 될 수도 있다. 어떤 교사들은 모든 성격유형의 에너지를 간단히 충전시켜 주면서 수업을 시작하기도 한다(10장 참조). 그러나 반항형, 선동형, 몽상형은 오랫동안 학교에서 욕구가 충족되어 본 경험이 없는 경우가 많기 때문에 보다 장기적인 조정이 필요할지도 모른다.

오늘날의 교실은 다양한 유형의 학생들로 구성되어 있으며 따라서 학생들의 욕구도 다양하다. 그리고 학생들이 스트레스에 반응하는 양식도 다양하기 때문에 한 학생에게는 적합한 해결방법이 다른 학생에게는 그렇지 않을 수 있다. 어떤 학생은 스트레스를 무시하는 것처럼 행동하며, 그걸 도전으로 여겨서 극복하는 학생이 있는가 하면 또 어떤 학생은 아예 마음을 닫아 버리기도 한다. 학생들의 다양한 시각을 이해하게 되면 교사는 학생들의 학습 참여를 보다 성공적으로 유도해 낼 수 있다. 교실의 분위기를 개선해 주며 학습에 동원되는 다양한 양식을 활용할 기회를 주고 생산성을 창조적으로 분출시켜 줄 수 있는 다양한 교수법과 수업양식을 찾아내는 것이 가능해지는 것이다. 교사가 학생들의 욕구와 선호에 자신의 교수법을 맞출 수 있을 때 학습은 보다 잘 이루어진다.

학생들은 성격유형에 따라 서로 다른 방식으로 스트레스를 겪으며 다른 반응을 내놓는다. 칼러 박사는 스트레스를 3등급으로 구분했다. 교사나 학생들 모두 하루에 몇 차례씩 1도 스트레스(경미한 스트레스)를 겪는다. 학생이 질문에 큰 소리로 대답하라고 지적받았을 때, 남학생이 복도에서 예쁜 여학생을 봤을 때, 교실에서 자신이 하고 싶었던 과제를 다른 학생이 맡았을 때와 같은 경우가 이에 해당한다. 각 성격유형이 1도 스트레스 상황에서 보이는 증상을 파악하면 교사는 중대한 문제가 발생하기 전에 조정하는 방법을 터득할 수 있을 것이다.

2도 스트레스는 1도 스트레스보다는 눈에 띄며 교실에서 진행되는 수업이나 해당 학생에게 종종 방해가 되기도 한다. 어떤 학생들은 교실에서 말썽을 피움으로써 이러한 곤경을 표현한다. 그 아이들은 교사에게 고함을 지르거나 친구를 때리거나 의자를 내던진다. 또 어떤 학생들은 친구나 교사에게 험한 말을 하거나 교사나 친구들을 바보로 만드는 부정적인 드라마를 연출하기도 한다. 또 어떤 학생들은 침울해져서 마음을 닫아 버린다. 불안해하고 이미 할 줄 아는 일을 하는데도 바보 같은 실수를 저지르는 학생도 있다. 교사가 특정한 스트레스 행동을 유심히 관찰하고 각 유형의 학생을 스트레스에서 구해 줄 조정방법을 찾아내기 위해 노력을 기울인다면 결과적으로 보다 많은 시간을 가르치고 배우는 일에 쏟을 수 있을 것이다.

어떤 학생이 3도 스트레스를 받고 있을 때는 그 아이가 의욕이 없고 절망적이라는 사실이 분명히 드러난다. 3도 스트레스를 받는 학생은 우울해하며 자신이 사랑받지 못하고 아무도 자신을 원하지 않는다고 느끼며 자신이 쓸모없는 존재라고 생각한다. 이들은 힘이 없으며 학교생활이나 삶 자체에 흥미를 잃는다. 외모, 학업 또는 어떤 활동에도 관심을 보이지 않기도 한다. 어쩌면 절망이 너무 깊어서 인생은 살 가치가 없다는 결론을 내릴지도 모른다. 이런 학생들의 욕구를 충족시켜 주기 위해서는 강력한 개입을 해야 한다.

우리는 학생이 스트레스를 받고 있다는 사실을 어떻게 알아낼 수 있을까? 이들을 곤경에서 구해 주거나 아예 곤경에 처하지 않도록 예방해 주는 방법에는 어떤 것들이 있을까? 스트레스 상황에서 보이는 초기 증상들을 인식하면 중요한 문제가 생기기 전에 개입할 수 있는 지식과 기회를 갖게 된다.

반 응 형

모든 학생이 중요한 과제를 놓고 교실에서 각자 공부하고 있다. 교사는 학생들의 작업을 점검하기 위해 교실 안을 돌아다닌다. 한 학생이 불안해하기 시작한다. 그 아이는 어떤 답도 쓸 수가 없다. 한 문제를 놓고 답을 세 번째 지우다가 종이에 구멍을 내고 만다. 그 아이는 불안해하며 "난 왜 이렇게 멍청하지"라고 중얼거린다. 그러더니 울기 시작한다.

스트레스 받고 있는 반응형은 어떤 모습일까?

반응형은 모든 사람들을 기쁘게 해 주고 싶어 한다. 이들은 불화가 일어나면 경직되며 누군가를 기분 나쁘게 만들까 봐 우유부단해지기도 한다. 1도 스트레스를 받는 반응형의 증상은 끊임없이 확인받고 싶어 하는 욕구로 표현되며 그런 학생들은 혼자 어색하게 웃기도 한다. 반응형 학생이 슬퍼하거나 혼돈스러워하고 무능하게 행동하며 이미 할 줄 아는 일에 실수를 하면 그건 2도 스트레스 상황에 빠졌음을 보여 주는 신호다. 이런 상황에서 반응형 학생은 둔하고 부주의해진다. 전에는 상당히 민첩했던 학생인데도 넘어지거나 물건을 쏟을지도 모른다. 그들은 또 자신이 바보 같은 행동을 했다고 느낄 때면 자신을 비하하는 말을 하는 경향이 있다. 반응형은 평소 외모에 상당히 신경을 쓰기 때문에 그들의 외양이 망가지는 것은 스트레스를 받고 있다는 분명한 표시가 된다.

어떻게 하면 반응형 학생을 스트레스에서 구할 수 있을까?

반응형 학생에게 "네가 함께 있어서 기쁘다"라고 말해 주는 것은 숙제를 잘했다고 칭찬해 주는 것보다 훨씬 더 중요하다. 그들은 자신이 중요하고 필요한 존재라고 느끼고 싶어 한다. 새로 온 학생의 친구가 되어 주라고 하거나 학급 행사의 책임자로 뽑아 주면 자신이 학교에서 필요한 사람이라고 느낄 수 있다. 그리고 다른 사람을 보살피고 싶어 하는 그들의 장점을 끌어낼 수 있다. 시험지에 성적과 함께 개별적인 의견을 적어 주면 교사와의 개인적인 유대감을 느낄 수도 있다. 그들은 외모나 사생활을 칭찬해 주면 상대방이 자신에게 무조건적인 관심을 갖고 있다고 받아들인다.

반응형은 또한 감각적인 만족감을 필요로 한다. 그들은 누가 누구를 좋아하고 누가 무슨 옷을 입었으며 사물이 어떻게 보이고 어떤 색이 서로 어울리는지 등에 민감하다. 그들은 아늑하고 아름다운 교실을 좋아하기 때문에 교실을 관리하고 꾸미는 일을 맡기면 그들만의 미적인 장점을 활용할 수 있다. 교실의 동식물을 보살피는 책임을 맡기거나 어떤 작업을 다른 학생과 함께 할 수 있게 해 주면 반응형이 받는 스트레스를 줄여 줄 수 있다.

학생이 스트레스를 받을 때 교사는 스스로에게 '내가 이런 유형의 학생에게 어떤 채널을 사용할 것인가'라는 핵심적인 질문을 던져야 한다. 반응형은 보살핌형 채널에 가장 잘 반응한다. 부드럽고 애정이 담긴 음성으로 말을 건네고 느낌과 아이디어를 나누기에 적당한 교실 분위기를 조성해 주면 반응형 학생들은 편안하게 느끼면서 학습할 것이다.

반응형 학생을 위해 교실 분위기를 조성하는 방법

화려한 게시판과 따뜻하고 아늑한 독서 공간, 깔끔하게 전시된 미술 작품 등을 활용해서 교실을 매력적인 장소로 만들어야 한다. 봉제인형, 푹신한 의자, 화초 등은 반응형 학생의 마음을 끄는 따뜻한 교실 분위기를 만들어 준다. 표 9.1은 스트레스를 받고 있는 반응형 학생에게 해당되는 여러 가지 행동, 욕구, 채널, 예방 및 조정방법을 보여 준다.

표 9.1_스트레스 받고 있는 반응형 학생

행동	의사를 결정하지 못한다
	의기소침해진다
	과제를 마칠 때까지 끊임없는 확인을 필요로 한다
	관심을 얻기 위해 선생님에게 매달린다
	혼자 어색하게 웃는다
	군소리를 부적절하게 끼워 넣는다
	비위를 맞추려고 한다
	이미 할 줄 아는 일을 하면서 실수를 한다
	둔하고 부주의해져서 넘어지고 물건을 쏟고 부딪친다
	불화가 일어나면 경직된다
	시험을 칠 때 긴장한다
	슬프고 혼란스럽고 무능해 보인다
	외모가 흐트러진다
	쉽게 운다
	불화가 지속되면 몸이 아프다
욕구	인간으로 인정받고 싶은 욕구
	감각적인 충족을 얻고 싶은 욕구
채널	보살핌형 채널
예방 및	보살핌형 채널을 사용한다

조정방법	교실에 들어올 때 친절한 인사말을 건넨다("네가 와서 반가워")
	개별적인 의견을 표현해 준다(숙제나 시험지에 또는 구두로)
	게시판을 꾸미는 책임자로 지목한다
	다른 학생과 작업할 기회를 준다(협동학습, 또래교수)
	교실 안에서 키우는 동식물을 돌보라고 맡긴다
	교실 안에 공부하고 독서할 수 있는 편안한 공간을 마련해 준다
	학급 행사를 주관하는 책임자로 지목한다
	새로 온 학생에게 친구가 되어 주도록 부탁한다

일 중 독 형

어떤 과제를 팀별로 하고 있다. 갑자기 한 학생이 팀원들에게 "멍청이" 라고 욕을 하고 "그 종이 내놔. 너희는 모두 너무 바보 같아서 아무것도 할 줄 몰라. 내가 다 할 거야"라고 말한다.

스트레스 받고 있는 일중독형 학생은 어떤 모습일까?

1도 스트레스를 받고 있는 일중독형 학생은 토론시간에 인내심이 없어지며 큰 소리로 먼저 답을 말해 버리는 경향이 있다. 그들은 자신에게서 완벽함을 기대하며 다른 학생들이 최선을 다하지 않을 때는 답답해한다. 일중독형은 시간문제에 경직된 태도를 보일 수도 있다. 그들은 스케줄이 변경되면 화를 내며 임시 교사가 수업을 맡을 경우 각 활동이 언제, 어떻게 진행되어야 하는지 대체로 제일 먼저 말해 주는 학생이다 (즉, 몇 시에 각 과목이 시작되는지, 출석 점검은 어떻게 하는지, 누가 무슨 일을 맡고 있는지 등). 그들은 매사가 공정하고 질서정연하기를 원한다. 일중독형은 자신이 하는 모든 공부에 대해서 성적과 점수를 받는 일에 강박적으로 집착할 수도 있다. 일중독형은 "이게 시험에 나오나요?'라고 묻는 학생들이다.

일중독형 학생이 2도 스트레스를 받게 되면 그들은 지나치게 주도하려는 성향을 보인다. 또 질서, 청결, 소유와 관련된 행동들을 지나치게 강조한다. 그들은 '지저분한' 미술 작업에 참여하고 싶어 하지 않을 수도 있다. 그리고 다른 학생들이 자신처럼 질서를 존중하지 않기 때문에 자신의 물건을 나눠 쓰려고 하지 않을지도 모른다. 그룹으로 작업하는 동안 그들은 그룹을 주도하기도 한다. 다른 학생들에게 무엇을 하라고 지시하고 아무도 자신보다 잘, 빨리, 효율적으로 할 수 없다고 생각하기 때문에 혼자서 모든 일을 하려고 할지도 모른다. 그들은 자신과 같은 방식으로(즉, 논리적, 조직적, 효율적인 방식) 생각하지 않는 사람들 때문에 몹시 답답해한다. 그들은 명료하게 사고하지 못하거나 멍청한 짓을 한다며 다른 학생을 공격하기도 한다.

어떻게 하면 일중독형 학생을 스트레스에서 구할 수 있을까?

일중독형은 일로 인정받고 싶어 한다. 교사가 그 학생의 아이디어, 성취, 조직력, 인내심 등에 대해서 긍정적인 평가를 해 주면 그들이 받는 스트레스를 줄일 수 있다. 그들은 또 시간 구성이 잘된 학습과정에 호응한다. 교사는 일중독형이 스케줄을 숙지하고 그것을 끝까지 지킬 수 있도록 배려해 주어야 한다. 교사가 이러한 학생들에게 교과 요강, 과제 설명문 또는 일일 계획 같은 도구를 주면 보다 안정감을 느끼면서 주어진 과제를 시간 내에 성공적으로 마칠 수 있다. 또 단어 짜기 활동처럼 조직력을 요하는 학습방법을 활용해서 그 아이들을 도와줄 수 있다.

일중독형이 좋아하는 의사소통 채널은 요청형이다. 교사가 일중독형 학생에게 육하원칙에 맞는 질문을 하면 사고과정에 활력소를 불어넣어 줄 수 있다. 일중독형 학생에게는 무엇을 하라고 명령하는 대신 하겠느냐고 물어보는 것이 보다 효과적이다.

일중독형 학생을 위해 교실 분위기를 조성하는 방법

일중독형 학생은 공간을 할애해서 눈에 띄는 곳에 뛰어난 과제를 전시해 주는 교실을 좋아한다. 아마 학교에서 수첩이나 다이어리를 나눠 준다면 일중독형 학생들은 무척 흡족해할 것이다. 과제물에 긍정적인 의견과 함께 A나 B처럼 등급이 있는 점수를 매겨 주고 눈에 보이는 보상으로 잘한 일을 격려해 주면 일중독형 학생의 동기를 유지시켜 줄 수 있다. 다른 학생들을 가르치게 해 주는 것도 일중독형 학생의 성실한 노력과 성취를 인정하고 그 아이의 능력을 높이 평가한다는 사실을 전달해 주는 한 방법이다. 표 9.2는 스트레스를 받고 있는 일중독형 학생들에게 해당되는 여러 가지 행동, 욕구, 채널, 예방 및 조정방법을 보여 준다.

표 9.2_스트레스 받고 있는 일중독형 학생

행동	지나치게 나선다
	시간에 대해 융통성이 없고 계획이 변경되면 경직된다
	다른 사람에게 무엇을 하라고 명령한다
	다른 학생의 과제를 대신 한다
	너무 많은 과제를 떠맡는다
	일을 잘 분담하지 못한다

자신과 다르게 생각하는 사람들 때문에 답답해한다

질서, 청결, 돈 문제 등을 중요하게 생각한다

스스로에게서 완벽함을 기대한다

과제를 완벽하게 하기 위해서 지나친 노력을 기울인다

큰 소리로 먼저 대답해 버린다

다른 학생의 대답을 비판한다

"이것도 성적에 들어가나요?", "이것도 시험에 나오나요?"라고 지나치게 묻는다

작은 표현이 더 명확한 의미를 전달할 수 있는 상황에서도 큰 표현을 사용한다

말 중간에 장황한 표현을 넣는다

욕구	일로 인정받고 싶은 욕구
	시간을 짜임새 있게 구성하고 싶은 욕구
채널	요청형 채널
예방 및 조정방법	요청형 채널을 사용한다
	긍정적인 의견을 표현해 준다
	사람들 앞에서 공개적으로 성취에 대해 인정해 준다
	잘한 과제를 전시해 주고 구체적인 보상을 해 준다
	A, B, C와 같이 등급을 매기는 점수를 준다
	또래교수를 하도록 지목한다
	스케줄을 알려 주고 수첩이나 다이어리를 사용하게 한다
	구체적인 자료를 제공한다(교과 요강, 과제 설명문 등)
	시간 약속을 지킨다
	눈에 띄는 활동을 하도록 선발해 준다

끈기형

학생들이 과제를 하고 있는데 한 학생이 다른 학생에게 소리쳤다. "내 숙제 베끼지 마." 상대 학생은 그 학생에게 잔소리하지 말고 좀 내버려

두라고 대꾸했다. 먼저 말했던 학생은 자기 일을 스스로 하고 규칙을 따르는 것이 얼마나 중요한지에 대해 말하기 시작했다. 교사가 두 학생에게 조용히 하라고 말하자 먼저 말했던 학생은 화를 내면서 고개를 돌렸다.

스트레스 받고 있는 끈기형 학생은 어떤 모습일까?

다른 사람의 잘못을 끊임없이 찾아내는 학생(고자질하거나 다른 사람을 무시하는 학생)은 아마 1도 스트레스를 받고 있는 끈기형 학생일 것이다. 이들은 늘 자신이 옳다고 여기며, 언제나 옳아야 한다는 강박관념 때문에 부정적인 피드백에 지나칠 정도로 민감하다. 끈기형 학생은 스트레스를 받으면 과제를 완벽하게 하기 위해서 거듭 수정하다가 결국은 아주 형편없는 결과물을 내기도 한다! 이들은 다른 사람이 어리석은 말을 하면 비웃는다. 당신이 혹시 교실 안에서 "넌 이렇게 해야 해"라는 말을 듣게 된다면 대개는 흥분한 끈기형 학생이 그 말을 한 장본인일 것이다.

끈기형이 2도 스트레스를 받게 되면 올바른 방식(자신의 방식)에 집착하는 경직된 모습을 보이게 되며 종종 다른 사람을 비난한다. 다른 학생이 규칙을 따르지 않을 때 그리고 자신이 중요하다고 여기는 일을 소홀히 할 때 특히 더 그렇다. 그들은 스트레스를 받게 되면 자신의 생각을 내세우면서 논쟁을 하려고 든다. 다른 사람들에게 무엇을 하라고 지시하는 것이 자신의 의무라고 생각하는 경향이 있으며 지시를 따르지 않으면 냉소적인 반응을 보이거나 융통성이 없어지고 어떤 쟁점의 양면을 동시에 보는 게 어렵다. 끈기형에게는 규칙과 공정함이 중요한 문제이며 그들이 스트레스를 받게 되면 그 두 가지 문제에 지나치게 집착한다. 표 9.3은 스트레스를 받고 있는 끈기형 학생들에 해당되는 여러 가지 행동과 욕구, 채널, 예방 및 조정방법을 보여 준다.

표 9.3_스트레스 받고 있는 끈기형 학생

행동	자신이 옳다는 식으로 행동한다(고자질하기)
	'내 방식' , '올바른 방식'에 집착하는 경직된 태도를 보인다
	부정적인 피드백에 예민하게 반응한다(자신이 반드시 옳아야 한다)
	"넌 이렇게 해야 해" 라는 표현을 사용한다
	지나치게 의심이 많으며 잘 믿지 않는다
	냉소적이다
	다른 사람의 대답을 비판한다
	다른 사람들에게 완벽함을 기대한다
	규칙과 공정함에 지나치게 집착한다
	다른 사람이 멍청한 말을 하면 비웃는다
	과제를 완벽하게 하기 위해서 지나치게 수정하거나 다시 시작한다
	다른 사람들이 자신의 신념을 존중하지 않으면 화를 낸다
	고집스럽다(마음을 바꾸지 않는다)
	말 중간에 장황한 표현을 넣는다
욕구	일로 인정받고 싶은 욕구
	확신을 견지하고 싶은 욕구
채널	요청형 채널
예방 및 조정방법	요청형 채널을 사용한다
	하고 있는 일에 대해서 긍정적인 의견을 표시한다
	성취를 공개적으로 인정해 준다
	잘한 과제를 전시해 주고 구체적인 보상을 해 준다
	A, B, C와 같이 등급을 매기는 점수를 준다
	또래교수를 하도록 지목한다

지도자 역할을 맡긴다

봉사활동에 참여시킨다

과제를 내줄 때 목적, 합리성, 관련성을 설명해 준다

신념, 의견, 아이디어를 물어보고 인정해 준다

"네 생각을 함께 나눠 줘서 고맙구나"라고 말해 준다

"그거 훌륭한 생각이구나"라고 말해 준다

자기 평가를 할 기회를 준다

어떻게 하면 끈기형 학생을 스트레스에서 구할 수 있을까?

끈기형 학생에게 의견을 물어보면 그들에게 동기를 부여해 줄 수 있다. 그럴 때 그들은 자신의 생각을 인정받았다고 여긴다. 교실에서 끈기형 학생에게 지도자 역할을 맡기게 되면 그들이 가진 장점을 활용할 수 있으며 그들이 가치 있다고 생각하는 활동에 참여시킬 수 있다. 봉사활동처럼 가치 있다고 여기는 프로젝트에 참여할 기회를 주면 더욱 전념할 것이다.

끈기형 학생은 종종 자신이 잘했다는 사실을 이미 알고 있더라도 그 일을 칭찬해 주기를 바란다. 그러나 자신의 가치를 교사의 의견에 따라 결정하는 것은 아니고 그저 교사의 확인을 받고 싶은 것뿐이다. 끈기형 학생이 자신의 생각을 친구들과 공유했을 때 친구들 앞에서 칭찬해 주면 신기하게도 이들의 스트레스를 덜어 줄 수 있다.

끈기형 학생은 요청형 채널에 가장 잘 반응한다. 그들의 의견을 이끌어 내고 그 의견이 어떤 자료에 근거하고 있는지 물어보면 자신의 생각과 관련된 지식을 찾아내는 데도 도움을 줄 수 있다. 그렇게 하면 의견에 집착하는 대신 사실적인 정보에 초점을 맞출 수 있으며 자신의 신념을 다른 사람에게 강요하려는 성향을 줄일 수 있다.

끈기형 학생을 위해 교실 분위기를 조성하는 방법

끈기형 학생은 학교생활의 다양한 부분에서 자신의 의견을 내놓고 싶어 한다. 그렇기 때문에 의견함, 게시판, 교지에 실리는 칼럼 등에 흥미를 느낀다. 끈기형 학생은 과제를 줄 때 그 목적과 근거를 알려 주면 좋아한다. 자신이 참여하는 과제의 연관성과 신념을 이해하면 최선을 다해 수행할 가능성이 높아진다. 자신을 평가하거나 또래를 평가할 수 있는 기회를 주는 것 또한 자신의 의견이 존중받기를 원하는 끈기형 학생을 다루는 매력적인 전략이다.

몽 상 형

과제를 나눠 주고 수업은 시작되었다. 교사가 교실을 둘러보니 한 학생이 아까 받은 과제를 그대로 둔 채 창밖을 내다보고 있는 모습이 눈에 들어온다.

스트레스 받고 있는 몽상형 학생은 어떤 모습일까?

1도 스트레스를 받고 있는 몽상형은 무엇을 해야 할지 알아내는 데 어려움을 겪는다. 그들은 여러 가지 과제를 동시에 하라고 할 때 쉽게 당황하며 한꺼번에 주어지는 과제의 우선순위를 정하는 데 큰 어려움을 겪는다. 몽상형은 교사가 던진 질문에 대답하고 싶어서 열심히 손을 드는 학생이 아니다. 그들에게는 정보를 처리하고 숙고할 시간이 필요하기 때문이다. 사실 그 과정에 필요로 하는 시간이 너무 길어서 이런 학생들은 정보를 처리하는 데 장애가 있는 것으로 진단되기도 한다. 몽상형은 교사가 요구하는 것을 내놓는 데 시간이 많이 걸리며 과제를 하나도 제출하지 못할 때도 있다. 그러나 완전히 끝내지는 못했더라도 여러 가지를 한꺼번에 시작해 놓은 경우가 많다.

몽상형이 2도 스트레스를 받게 되면 자신을 닫아 버리거나 교실에서 빠져 나갈 구실을 찾아냄으로써 그 상황에서 도망치려고 할 것이다. 화장실이나 양호실에 자주 들락거리는 모습은 흔히 볼 수 있다. 병이 나서 학교를 안 가는 사태도 생긴다. 이러한 회피 행위가 오래 지속된다면 몽상형 학생의 욕구가 충족되지 못한 경우일 것이다. 때때로 몽상형은 주변을 무시해 버리기도 한다. 질문을 받아도 질문이 무엇이었는지 무엇에 관한 토론이었는지 알지 못한다. 그 이전에 받은 질문의 답을 여전히 궁리하고 있을 때가 많기 때문이다. 교사는 몽상형 학생이 무리 속에서 길을 잃지 않도록 그들에게 관심을 주어야 한다.

어떻게 하면 몽상형 학생을 스트레스에서 구할 수 있을까?

몽상형이 지닌 풍부한 상상력이라는 장점을 살리기 위해서는 혼자 있게 해 주어야 한다. 교실 안에서 혼자 있을 수 있는 여건을 조성해 주는 것은 쉽지 않지만 교실 뒤쪽이나 개인 열람석처럼 외진 곳에 자리를 정해 주는 것이 해결방법이 될 수 있을 것이다. 혼자서 생각하고 싶어 할 때 심부름을 보내거나 정해진 시간 안에 특정 과제를 마치도록 도서관으로 가게 해 주는 것이 몽상형의 혼자 있고 싶어 하는 욕구를 충족시키는 데 도움을 줄 것이다. 이런 학생들에게 질문하고 대답을 들으려면 기다리는 시간이 필요하다. 그리고 몽상형이 지시를 이해했는지 확인해 주면 스트레스를 줄여 줄 수 있다.

몽상형은 지시형 채널에 가장 잘 반응한다. 그리고 학생이 관심을 보이자마자 바짝 다가가야 한다. 가장 간단한 말로 무엇을 해야 한다고 정확히 일러 준다. 할 일을 한 번에 한두 가지만 주고 과제의 우선순위를 정하도록 도와준다. 표 9.4는 스트레스를 받고 있는 몽상형 학생에게 해당되는 여러 가지 행동과 욕구, 채널, 예방 및 조정방법을 보여 준다.

표 9.4_스트레스 받고 있는 몽상형 학생

행동	수업시간에 잔다
	자꾸 아프다
	도피 행동을 한다(화장실, 양호실, 상담실에 자주 간다)
	주위를 무시해 버린다
	수동적으로 기다린다
	질문하지 않는다
	과제를 시작만 하고 끝내지 못한다
	과제의 우선순위를 정하는 데 어려움을 겪는다
	발표하지 않는다
	공상한다
	교재를 꺼내는 데 지나치게 오랜 시간이 걸린다
	지시를 이해한 것처럼 보이지 않는다
	반응이 없다
	자신을 닫아 버린다
	소외된다
욕구	혼자 있고 싶은 욕구
채널	지시형 채널
예방 및 조정방법	지시형 채널을 사용한다
	개인 열람석 사용, 심부름 보내기, 혼자 있는 시간 주기 등을

통해서 고독을 허용한다

혼잡한 지점에서 멀리 떨어져 있게 한다

개별적인 과제를 할 기회를 준다

분명하고 명확한 지시를 해 준다

과제의 우선순위를 정해 준다

절차를 글로 간결하게 써 준다

한 번에 한두 가지의 과제만 준다

몽상형 학생을 위해 교실 분위기를 조성하는 방법

앞서 이야기했듯이 몽상형은 혼잡하지 않은 구석에 자리를 배정해 줄 필요가 있다. 교실 뒤쪽은 그들에게 필요한 '무리 속의 고독'을 제공해 줄 수 있을 것이다. 물론 교사는 그들이 과제를 지속할 수 있도록 계속 주시해야 한다. 또 지시는 간결하고 명확해야 한다. 교사가 몽상형 학생에게 과제나 프로젝트를 숙고할 수 있는 시간을 주고, 어떤 것이 요구되는지 직접적으로 설명해 줄 때 좋은 결과를 얻을 수 있다. 몽상형은 혼자 또는 한 명의 친구와 함께 과제를 진행하는 것을 좋아한다. 몽상형 학생에게는 과제를 줄 때 순서를 정해 줄 필요가 있다. 한 번에 한두 가지 이상의 과제를 주지 않도록 하고 과제 내용과 절차를 적어서 학생의 공책이나 책상 위에 붙이도록 해 주면 도움이 될 것이다. 또 시간을 정해 주면 몽상형 학생이 과제의 우선순위를 정하고 집중하는 데 도움이 될 것이다. 몽상형에게 여러 가지 과제를 한꺼번에 주는 것은 피하도록 하고 장기적인 과제를 줄 때는 의미가 통하도록 쪼개서 주어야 한다.

반 항 형

학생들이 과제를 하고 있다. 교사는 교실 안을 둘러보다가 한 학생이 바닥에 책을 떨어뜨리는 모습을 목격한다. 그 학생은 옆에 앉은 학생에게 큰 소리로 말한다. "야, 너 왜 내 책을 떨어뜨려?"

스트레스 받고 있는 반항형 학생은 어떤 모습일까?

반항형 학생이 1도 스트레스를 받고 있다는 사실은 절대로 놓칠 수 없을 것이다. 수업 진행을 어렵게 만드는 부정적인 행동들이 즉시 나타나기 때문이다. 반항형은 관심을 원하며 관심을 받기 위해서라면 어떤 행동이든 한다. 책상을 두드리거나 의자에서 떨어지거나 엉뚱한 말을 하는 것은 반항형이 관심을 끌기 위해 동원하는 방법 중 일부분에 불과하다. 반항형은 종종 교사의 허락을 받지 않고 자리를 뜨며 대개는 그러고 나서 다른 학생들을 귀찮게 할 것이다. 그들은 종종 교실에서 바보짓을 한다. 또 "이건 어려워요, 모르겠어요"라고 징징거리며 불평하는 투로 말한다.

반항형이 2도 스트레스를 받으면 다른 사람 탓을 한다. 무엇인가가 잘못되었을 때 그게 자신의 잘못이더라도 책임지지 않으려고 한다("쟤가 이렇게 하라고 그랬어요!"). 또 듣고 싶은 말만 들으려고 한다. "네, 그렇지만……"이라는 말이 그 아이들의 말끝에 붙어 있다. 좌절감을 느끼면 끈기 있게 매달리기보다는 포기해 버린다. 그들은 종종 "본때를 보여 주겠어"라는 태도를 취하며 자신을 공격했다고 느끼는 상대에게 복수한다.

어떻게 하면 반항형 학생을 스트레스에서 구할 수 있을까?

반항형은 경쾌하고 긍정적인 에너지에 반응한다. 반항형 학생이 불편해하는 것을 발견하면(분명히 눈에 띌 것이다!) 교사는 신속하게 활동을 바꾸거나 학생과 신체 접촉을 해 주거나 개념을 재미있게 설명하면서 그 학생을 수업으로 다시 끌어들일 수 있다. 때로는 수업 진행을 멈추고 농담을 하거나 간단하게 몸을 움직이는 운동을 시키기만 해도 금방 다시 집중한다.

반항형은 감정형 채널을 좋아한다. 활기찬 분위기로 의사소통해 주고 열정적인 태도로 대하면 교실 분위기를 긍정적으로 유지할 수 있다. 반항형 학생이 방해되는 행동을 할 때 교사가 사투리를 구사하거나 성대모사를 하거나 농담조(냉소적인 농담 말고)로 말하면 그 학생의 주의를 사로잡고 다시 수업으로 불러들일 수 있을 것이다.

반항형 학생을 위해 교실 분위기를 조성하는 방법

반항형은 밝은 색깔, 크고 신나는 음악, 재미있는 환경을 좋아하는 활기찬 사람들이다. 그렇기 때문에 화려한 색깔의 포스터로 교실을 장식하고 수업이 시작할 때나 수업 중에 유행하는 음악을 틀어 주고 친절하고 활기차게 인사해 주면 학습활동에 참여하도록 자극하고 격려해 줄 수 있다. 그들은 동작, 실습, 창의성을 활용할 만한 단기적인 지적 도전에 잘 반응한다. 따라서 게임이나 여러 감각을 활용하는 활동이 포함된 학습이 이들의 흥미를 끌 것이다.

노래를 부르거나 시를 쓰는 것처럼 창의적인 과제를 주면 반항형 학생들이 학습을 하면서도 선호하는 유희에 몰두하도록 해 줄 수 있다. 반항형 학생이 좋아하는 활동이 무엇인지(즉, 노래, 연극, 작곡, 미술, 인형놀이 등) 판단하고 이러한 활동들을 수업에 포함시킬 방법을 찾아내는 것이 그 학생들을 확실하게 다룰 수 있는 요령이다. 반항형 학생이 공부할 에너지를 얻으려면 먼저 놀아야 하기 때문에 교과내용과 관련된 농담이나 수수께끼로 수업을 시작하는 것이 좋다. 또 간단한 운동을 하게 해 주거나 자리에서 일어나 친구들과 교제할 수 있는 짧은 휴식시간을 주면 과제에 집중할 힘을 줄 수 있다. 교실 문 앞에서 활기차게 인사해 주면 교실에 들어서는 순간부터 그들의 욕구를 충족시켜 줄 수 있다. 반항형은 고집스러우며 다른 사람이 시키는 것을 하지 않으려는 성향이 있다. 벌로 쉬는 시간을 뺏거나 재미있는 활동을 하기 전에 너무 오랫동안 기다리게 하면 거의 대부분 문제 행동을 일으킨다. 표 9.5는 스트레스를 받고 있는 반항형 학생에게 해당되는 여러 가지 행동, 욕구, 채널, 예방 및 조정방법을 보여 준다.

표 9.5_스트레스 받고 있는 반항형 학생

행동	책상을 두드린다
	의자에서 떨어진다
	물건을 떨어뜨린다
	수업시간에 자꾸 일어선다
	허락 없이 자리를 뜬다
	바보짓을 한다
	징징거리고 불평한다("이건 어려워요", "잘 모르겠어요")
	관심을 끌기 위해 수업을 끊임없이 방해한다
	고집을 피우며 자기 마음대로 하려고 한다
	다른 사람 탓을 한다("내 잘못이 아니에요", "네가 시켰잖아")
	"네, 그렇지만……"이라는 말을 입에 달고 있다

어떻게 하면 사람을 자극하는지 알고 그렇게 행동한다

때리고, 욕하고, 물건을 던진다

"되갚아 주겠어"라는 태도를 보이며 복수를 한다

욕구	재미있게 교제하고 싶은 욕구
채널	감정형 채널
예방 및 조정방법	감정형 채널을 사용한다
	실습활동을 하게 한다
	게임이나 여러 감각을 사용하는 활동을 한다
	컴퓨터 학습 게임을 활용한다
	시범을 보일 수 있는 기회를 준다
	팀 활동에 배정해 준다
	감탄사를 활용한다
	농담이나 성대모사를 한다
	신나는 음악을 틀어 준다
	춤을 추는 등 몸을 움직일 수 있는 기회를 준다
	창의적 활동(노래 부르기, 작문 등)을 할 기회를 준다

선 동 형

학생들은 팀별로 배정된 문제를 풀고 있다. 갑자기 한 학생이 자기 팀에서 이탈하며 자신은 팀과 함께 하는 작업에 질렸으니 나머지 팀원들끼리 해답을 찾으라고 말하면서 함께 하기를 거부한다.

스트레스 받고 있는 선동형 학생은 어떤 모습일까?

선동형은 또래 사이에서 쿨하게 보이고 싶어 하며 체면을 위해서라면 어떤 일이라도 한다. 1도 스트레스를 받으면 허락 없이 자리를 뜨거나 과제에서 벗어난 논쟁을 벌이거나 논란의 여지가 있는 질문을 한다.

팀 활동을 하다가 마음에 안 들면 그냥 이탈해 버려서 나머지 학생들이 어쩔 수 없이 과제를 해결하게 만든다. 1도 스트레스를 받는 선동형은 어떤 과제도 하지 않으려는 경향이 있다. 이런 경우 채점 기간이 끝나기 직전에 교사를 찾아와서 제출하지 못한 과제 대신 다른 과제를 하게 해 달라고 요구하기도 한다.

2도 스트레스를 받은 선동형 학생의 행동은 종종 남을 조종하려 하거나 배려하지 않는 모습으로 나타난다. 다른 학생들을 비난하고 조종하여 문제에 빠뜨리면서 자신은 뒤로 물러서서 처벌을 피한다. 또 속임수를 쓰고 다른 학생을 놀리고 규칙을 무시하거나 어기고 거짓말을 하거나 선동적인 말을 하고 친구들 간에 말다툼을 일으키게 한다(예를 들어, "담판을 짓지 그래"와 같은 말로 싸움을 부추긴다). 그런 후에 자신은 뒤로 물러서서 싸움구경을 한다. 교사가 자신을 창피하게 만들었다고 생각하면 교사에게 화살을 돌려서 민망한 질문을 하거나 교사들 간에 논쟁을 일으키게 만들기도 한다. 구석으로 몰리면 자신을 그렇게 만든 상대방에게 망신을 주기 위해서 상황을 반전시키려고 할 것이다. 이렇게 불쾌한 드라마가 전개되면 선동형 학생은 자신이 원했던 사건, 자극, 부정적인 관심을 얻을 수 있게 된다.

어떻게 하면 선동형 학생을 스트레스에서 구할 수 있을까?

선동형은 아슬아슬하게 생활하는 것을 즐기는, 행동 지향적인 사람들이다. 이들은 에너지가 많으며 늘 자극을 필요로 한다. 선동형의 에너지를 적절히 유도하고 그들이 원하는 자극과 인정을 받을 수 있도록 해 주는 것이 중요하다. 단기 목표를 세우고 잘했을 때 중간 보상을 해 주면 행위와 자극을 필요로 하는 그들의 욕구를 긍정적으로 충족시켜 줄 수 있다. 선동형에게 적절하게 다가가려면 창의적인 전략이 필요하다. 때로는 폭발이 일어나기 전에 배출구를 마련한다는 의미에서 그들의 에너지를 안전하게 처리해 주면 폭발 가능성이 있는 상황을 사전에 없앨 수 있다. 그러한 방법으로는 심부름을 보내거나 지도자 역할을 맡기는 것 등이 있다. 또 선동형에게는 교재를 나눠 주거나 영사기를 조작하거나 팀별로 조사한 내용을 학생들 앞에서 발표하는 것과 같은 활동적인 책임을 맡기는 것이 도움이 된다. 선동형 학생과의 긍정적인 인간관계를 염두에 두는 것이 교실 내에서 그들의 행동을 결정짓는 핵심 열쇠다.

선동형은 지시형 채널에 가장 잘 반응한다. 많은 학생들이 무엇을 하라는 지시를 받으면 불편해하지만 선동형에게는 이것이 가장 효과적인 의사소통 방법이다. 그렇기 때문에 교사는 이들에게 무엇을 해야 하는지 간결하게 말해 주고 잘 이해했는지 확인한 후 물러나야 한다. 힘겨루기 상황을 연출하지 않으면서 규칙과 결과를 분명히 알려 주면 많은 갈등 요인을 제거할 수 있다. 예를 들어, 교사는 이렇게 말할 수 있다. "내가 수업시간 동안 핸드폰을 맡아 줄 수도 있고 아니면 네가 가방 속에 집어넣을 수도 있다."

선동형 학생을 위해 교실 분위기를 조성하는 방법

선동형 학생이 긍정적인 에너지를 만들어 내고 만족을 느끼려면 학교생활이 활동적이고 자극적이어야 한다. 강의, 학급 전체가 참여하는 질의 응답식 토론, 긴 작문 숙제 같은 전통적인 교수법은 그들을 가르치는 데 효과적이지 않다. 선동형은 눈에 보이는 보상이 따르는 경쟁적인 게임에 훨씬 더 열광적으로 반응한다. 선동형의 체면을 세워 주는 활동을 포함시키면 그들이 가진 에너지를 잘 유도해서 수업시간에 역량을 발휘하게 해 줄 수 있다. 선동형 학생은 거래하는 행위에서 쾌감을 느끼기 때문에 협상을 하도록 해 주면 활기를 띤다. 예를 들어, 시험범위를 협상할 수 있게 해 주든지, 숙제로 풀어야 할 수학 문제의 개수를 협상할 수 있게 해 주면 친구들 앞에서 체면도 살고 그 과제를 하겠다는 동기도 생겨난다. 선동형은 지도자 스타일이기 때문에 그들이 지닌 지도력을 긍정적인 방향으로 유도해 주는 것이 교사나 학생 모두를 위해서 최선이다. 그렇게 하는 게 쉽지는 않지만 충분히 가치 있는 일이다. 팀의 리더로 지목한다든지, 교재를 나눠 주는 책임을 맡긴다든지, 연극에서 주연을 맡게 하는 등 건설적인 방향으로 인도해 주면 그들이 가진 에너지는 긍정적인 힘으로 작용하게 된다. 선동형 학생은 서 있을 때 가장 명료하게 사고하기 때문에 질문에 대답하도록 지목받았을 때 일어설 수 있도록 해 주어야 한다. 또 수업시간에 간간이 돌아다닐 수 있는 활동을 포함시키면 흥미와 동기가 지속될 것이다. 표 9.6은 스트레스를 받고 있는 선동형 학생에게 해당되는 여러 가지 행동, 욕구, 채널, 예방 및 조정방법을 보여 준다.

표 9.6_스트레스 받고 있는 선동형 학생

행동	허락 없이 자리를 뜬다
	체면을 중요하게 생각한다
	과제를 끝마치지 않는다
	가산점을 얻기 위해 거래를 하려고 한다

주도권을 쥔다

논쟁적인 질문을 하기 위해 끼어든다

과제에서 벗어난 토론을 벌인다

'나'라고 말해야 할 곳에 '너희'라는 표현을 쓴다

자신은 뒤로 물러나 있으면서 다른 학생들을 문제 상황으로 끌어들인다

다른 사람 탓을 한다

다른 사람을 이용하고 조종하다

말싸움을 이끌어 낸다

규칙을 어기거나 무시한다

다른 사람에게 피해가 가도록 상황을 반전시키거나 꾸며 낸다

뒤에서 욕을 한다

다른 학생들이 나쁜 짓을 하도록 선동한다

남이 자신을 앞지르면 몸을 쓴다

욕구	행동하고 싶은 욕구
채널	지시형 채널
예방 및 조정방법	지시형 채널을 사용한다 분명하게 지시해 준다 가르치는 동안 돌아다니고 몸짓도 한다 내용을 실생활과 연결시켜 준다 관심과 보상을 자주 준다 과제를 내줄 때 협상을 하게 한다 일어서서 생각할 수 있게 해 준다 경쟁적인 게임을 활용한다 눈에 보이는 보상을 해 준다 심부름을 보낸다 실습활동을 하게 해 준다 다른 학생과 작업할 기회를 준다(분명한 규칙과 함께) 연극으로 자신을 표현할 기회를 준다 시범을 보일 수 있는 기회를 준다 지도자 역할을 할 수 있게 해 준다

요약

스트레스로 인한 증세는 하루 중 어느 때 어느 수업에서라도 나타날 수 있다. PCM에 대한 지식이 있는 교사는 이러한 증세를 초기에 식별할 수 있고 그러한 행동을 보이는 학생들의 욕구를 충족시켜 줄 수 있다. 나아가서 이러한 지식을 교사 자신의 욕구를 충족시키는 데도 활용할 수 있다. 앞에서 설명한 방법들을 활용하면 교사는 학생의 불편함을 덜어 주기 위해 신속하게 개입할 수 있다. 교사가 학생들의 성격유형을 파악해서 그들의 욕구를 충족시킬 수 있는 활동에 참여하게 해 주면 어려운 상황이 기회로 변해서 학급에 긍정적으로 작용할 것이다. 교사와 학생의 욕구가 충족되면 교실은 모든 사람에게 행복하고 건설적인 장소가 될 것이다!

PCM의 활용을
보완하는 교육 도구

9장에서는 학생이 학교생활을 하면서 겪게 되는 스트레스를 살펴보았다. 학생들은 성격유형에 따라서 다양한 방식으로 스트레스를 표현하는데 그러한 행동들은 학습에 방해가 될 수 있다.

교사가 다양한 학생들을 대상으로 학업 성취를 이루어야 할 책임은 점점 무거워져 간다. 따라서 학생들을 학습과정에 보다 활발하게 참여시켜서 모든 학생이 자신의 잠재력을 최대한 발휘하게 하는 데 도움이 되는 도구의 필요성이 점차 커지게 되었다. PCM의 개념은 오늘날처럼 다양한 학생들로 구성된 교실에서 그들의 욕구를 충족시켜 줄 수 있는 보다 다양한 방법들을 제공해 준다. 현재 개발되어 있는 네 가지 교육 도구가 PCM의 활용을 보완해 줄 수 있을 것이다. 이제 아래의 네 가지 도구를 상세히 살펴보고 수업을 계획할 때 각각의 도구가 어떻게 활용될 수 있을지 알아보기로 한다.

1. **수업계획질문** : 수업이나 단원을 계획하는 동안 교사가 스스로에게 물어볼 수 있는 여섯 가지 기본 질문으로, 수업을 통해서 여섯 가지 성

격유형의 학생들에게 다가갈 수 있도록 도움을 준다.

2. **학생조정계획** : 학생조정계획은 특정 학생을 지도하는 교사가 학생의 성격을 판단하고 그 학생의 특별한 욕구에 기초해서 조정방법을 개 발할 수 있도록 도와준다.

3. **행동기능평가** : 행동기능평가는 특수교육 현장에서 학생이 보이는 바 람직하지 않은 행동이 어떤 기능을 하는지 파악하고 성공적인 조정 계획을 세우기 위해 널리 사용된다(학생조정계획과 행동기능평가는 스트레스를 받아서 부정적이고 파괴적인 행동을 하는 학생들에게 특 히 효과가 있다).

4. **학생의 성격유형에 따른 101가지 칭찬 표현** : 교사가 개별 학생의 성격에 따른 선호도를 고려해서 피드백을 줄 수 있는 방법이 담긴 간편하고 편리한 리스트. 교사가 학생들에게 해 줄 수 있는 긍정적인 말이 담 긴 리스트는 이미 많이 나와 있지만 이것은 PCM이 밝혀낸 여섯 가지 성격유형에 맞춰 활용할 수 있도록 특별히 개발된 것이다.

수 업 계 획 질 문

PCM을 활용하도록 교육받은 교사들은 이 여섯 유형의 학생들 모두에 게 성공적으로 다가갈 수 있다. 앞에서 보았듯이 대부분의 교사가 지닌 장점은 끈기형, 일중독형 그리고 많은 초등학교 교사들의 경우처럼 반 응형의 특성과 에너지에 집중되어 있다. 교사들은 자신에게 가장 편안 한 교수법을 사용하려는 경향이 있기 때문에 수업에 강의, 독서, 작문, 질의응답 형식의 토론은 충분히 포함되어 있다. 그러나 교사가 선호하 는 방식에 기초하다 보면 행동 면에서나 학업 면에서 학교생활에 어려움을 겪는 학생들에게는 종종 그 내용이 전달되지 않는다. 그렇다면 교사는 수업이나 단원을 계획하는 단계에서 여섯 가지 성격유형의 학생들이 가진 욕구를 모두 충족시켜 줄 수 있도록 도와주는 여섯 가지 질문을 스스로에게 해야 한다(그림 10.1).

그림 10.1_PCM에 기초한 수업계획질문

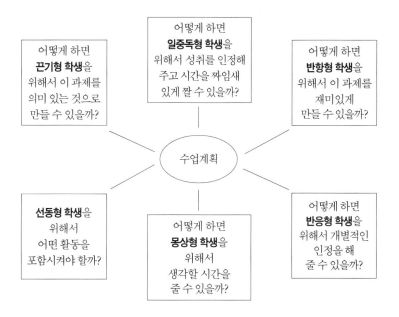

반응형 학생은 개인적인 인정이 필요하며 일중독형과 끈기형은 성취로 인정받아야 한다. 일중독형에게는 시간의 틀을 짜 주어야 유익한 반면 끈기형은 의미 있는 과제를 필요로 한다. 몽상형은 사적인 공간과 내용을 숙고할 시간을 필요로 할 것이다. 반항형 학생은 과제가 재미있다

고 여겨지면 흥미를 느낄 것이며 선동형 학생은 몸을 움직이는 활동이 포함되어 있으면 긍정적으로 반응할 것이다. 교사가 계획을 짤 때 이 모든 관점을 감안한다면 각 성격유형의 학생들이 학업 면에서 성취할 가능성은 높아지며 문제 행동이 일어날 가능성은 줄어든다.

그림 10.2_PCM에 기초한 수학 수업계획

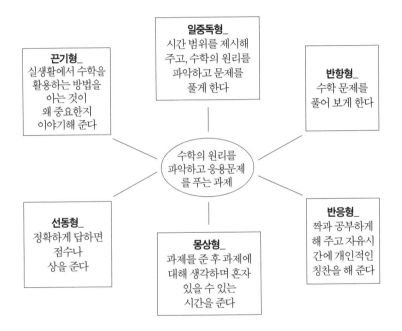

그림 10.2는 수학 수업을 위해 계획한 활동들을 보여 준다. 이 수업은 그림 10.1에서 제기된 질문에 해답이 되는 내용으로, 여섯 유형의 학생들 모두의 욕구를 만족시켜 준다. 그날의 수학 수업은 덧셈과 뺄셈의 응용문제를 복습하는 내용으로 진행되었다. 학생은 짝과 함께 문제를

만들어 내고 풀어 본다. 또 상대방 학생은 그것이 덧셈 문제인지 뺄셈 문제인지 판단하고 풀어야 한다. 문제를 식별해 내고 제대로 푼 팀마다 점수를 준다. 학생들이 과제에 집중하면 수업을 마칠 때쯤 5분간의 자유시간을 가질 수 있다.

교사는 학생들이 공부하는 동안 친근하게 개별적인 의견을 표현해 줌으로써 반응형 학생의 욕구를 충족시켜 줄 수 있다. 반응형 학생은 소속감이 중요하기 때문에 짝과 함께 공부하는 것을 즐긴다. 일중독형은 수업이 언제 시작해서 언제 끝나는지 알면 더 잘 반응한다. 그들은 수학의 원리를 파악하고 문제를 푸는 사고과정도 즐긴다. 끈기형은 문제가 실생활에 적용되기 때문에 과제의 의미를 쉽게이해할 수 있다. 문제를 풀어 보는 것은 재미있고 앞에 나설 수 있는 기회를 주기 때문에 반항형과 선동형 학생의 흥미를 끈다. 정확한 답에 점수와 상을 주면 선동형 학생의 관심을 붙잡아 둘 수 있다. 몽상형은 짝과 공부하는 상황이기 때문에 과제를 지속할 수 있고 자신의 아이디어를 나눌 기회를 더 많이 가질 수 있다.

메릴랜드에 있는 한 특수 초등학교의 교사는 다음과 같은 방법으로 수업계획질문을 활용했다. 그녀는 학생들이 교실로 들어올 때 학생 한 사람 한 사람의 이름을 부르고 미소를 지으며 맞아 줌으로써 긴밀한 유대관계를 쌓았다. 그녀는 "조이, 너 새 안경을 꼈구나!", "리사, 반갑다. 우린 어제 네가 보고 싶었단다", "킴, 어머니가 편찮으셔서 병원에 계시다던데 좀 어떠시니?"와 같은 인사를 함으로써 학생들이 교사와 개인적인 친밀감을 느낄 수 있도록 몇 초씩을 할애했다. 반응형 학생은 선생님이 자신을 개인적으로 챙겨 준다는 사실을 즉시 눈치 챈다. 교사는 반항형 학생을 위해서 활기찬 인사를 건넬 수도 있다.

그리고 그림 10.3에 예시된 교과 활동 리스트를 나눠 준다. 이러한 리스트는 과제에 틀과 짜임새를 제공해 주기 때문에 일중독형의 마음에 든다. 교사는 제일 먼저 학생들에게 종이 맨 위쪽에 있는 줄에 걸린 옷들을 보고 그 중에서 가장 황당한 옷(반항형의 마음에 든다) 또는 가장 좋아하는 옷(반응형의 마음에 든다) 등을 고르게 하고 나눠 준 색연필로 칠하게 한다. 이러한 활동은 선동형, 반항형, 반응형처럼 개인적이고 창의적인 흔적을 남기고 싶어 하는 학생들에게 동기를 부여해 준다. 그런 후에 학생들은 손가락으로 짚어 가면서 교과 활동 리스트를 함께 읽는다. 반항형과 선동형 학생들은 이런 활동을 통해서 학습과정에 참여할 수 있다. 일중독형 학생은 리스트를 읽을 때 교사를 도와주면서 만족감을 느낀다. 교사가 수업의 목표를 차례대로 검토해 주는 동안 끈기형 학생에게는 과제의 중요성이 분명하게 떠오른다. 교사는 개별적으로 도움을 받으면서 독서할 것이라고 설명한 뒤에 돌아다니면서 각 학생들을 도와준다. 이렇게 되면 몽상형은 혼자만의 시간을 갖게 될 것임을 알고 마음을 놓을 것이다.

한 고등학교 화학 교사는 수업을 준비할 때 항상 수업계획질문을 활용한다. 원소에 대해서 수업하던 날 그녀는 학생들이 원소의 개념을 이해할 수 있도록 돕기 위해서 모든 원소를 칠판에 적고 각 학생에게 자신이 좋아하는 원소를 하나씩 선택하라고 한다. 그런 후에 과제의 각 부분을 언제까지 마쳐야 하는지 알려 주는 시간표를 나눠 준다. 학생들은 자

봄이 왔어요!

♡ 오늘은 2006년 3월 22일입니다.

👓 우리는 교과 활동 리스트를 읽을 것입니다.

👄 우리는 이번 주의 모음에 대해서 이야기할 것입니다.

🌷 우리는 맞춤법 공부를 할 것입니다.

☂ 우리는 새로운 철자로 이루어진 단어들을 받을 것입니다.

우리는 새로운 단어 숙제를 받을 것입니다.

🍳 우리는 단어 공부를 하고 독서를 할 것입니다.

🔍 우리는 모음 탐정이 될 것입니다.

👁 우리는 물개라는 단어를 읽을 것입니다.

🌠 우리는 단어 공부 문제지를 공부할 것입니다.

✏ 우리는 꼬마 작가의 글쓰기를 할 것입니다.

🌈 우리는 친구들의 작문 발표를 듣고 각자의 의견을 이야기할 것입니다.

그림 10.3_교과 활동 리스트의 예

신이 선택한 원소에 대해 조사하고 그 특성과 용도를 설명하는 1분짜리 발표를 해야 한다. 그때 학생들은 자신이 알아낸 정보를 활용해서 원소를 표현하는 의상을 만들어 입고 발표를 한다. 그 후의 수업과 실험시간에 그들은 그 원소로 실험을 한다.

　일중독형과 끈기형 학생은 조사하는 것을 즐긴다. 일중독형 학생은 과제의 각 부분이 언제 마감인지 알 수 있어서 시간을 계획할 수 있기 때문에 흡족해한다. 끈기형 학생은 자신이 고른 원소의 중요성에 대해서 의견을 낼 수 있어 좋아한다. 반응형은 자신이 그 원소에 대해서 갖고 있는 느낌을 묘사할 수 있는 기회를 즐긴다. 몽상형은 그 원소에 대해서 시를 쓰는 등 창의적으로 발표할 수 있는 방법을 찾아낼 수 있고 혼자서 과제를 할 수 있다는 사실을 좋아할 것이다. 반항형 학생은 의상을 만드는 작업에서 창의성을 발휘하고 재미있어할 것이다. 또 교실에서 돌아다니고 친구들 앞에서 발표할 수 있어서 좋아할 것이다. 선동형 학생도 돌아다닐 수 있는 기회를 즐기며 무대에 서는 활동을 편안하게 받아들인다. 이어지는 수업과 실험에서 학생들은 소규모로 팀을 짜서 과제를 하게 된다. 반응형은 그룹 활동에 포함된 사회적인 면을 즐긴다. 반항형과 선동형 학생은 돌아다니며 공부할 수 있어서 실험을 좋아한다. 일중독형과 끈기형은 조사와 그룹 활동을 즐긴다. 몽상형은 그룹에서는 활발하게 참여하지 않지만 실험실에서는 짝과 작업하거나 혼자 작업할 수 있게 해 주면 만족할 것이다.

　정서장애가 있는 학생들을 가르치는 한 교사는 미국 정부에 관한 시험공부를 시키기 위해서 질문지를 만들어 나누어 주는 대신 퀴즈 놀이를 하기로 했다. 학생들을 여러 팀으로 나누고 각 팀의 구성원들이 1점에서 10점까지 난이도별로 문제가 분류된 주머니가 붙어 있는 차트에 교대로 다가가서 문제를 선택한 후 문제에 대한 대답을 하고 정답일 때마다 점수를 받는 놀이였다. 한 팀이 대답하지 못하면 다른 팀에게 기회가 돌아갔다. 문제를 뽑기 위해 차트로 다가가고 팀이 함께 대답을 찾아내게 하자 모든 학생들이 학습활동에 참여하는 모습을 볼 수 있었다. 이렇게 다같이 참여하는 모습은 서로에게 무시하는 말을 하거나 교사의 권위에 이의를 제기하고 교실을 나가겠다고 하는 등 학생들이 스트레스를 받을 때 보이는 전형적인 문제 행동보다 훨씬 바람직하다.

선동형은 이러한 게임에 내포되어 있는 위험 부담과 경쟁적 요소를 특히 좋아한다. 반응형과 반항형 학생들은 친구들과 함께 활동하는 것을 좋아하며 자신이 팀에 보탬이 되는 점수를 얻어서 환호성을 들으면 기뻐할 것이다. 일중독형과 끈기형 학생은 게임에 규칙이 있기 때문에 좋아하며 자신의 지식을 인정받을 기회를 가질 수 있다(10점짜리 질문). 몽상형은 즉시 대답을 생각해 낼 수 없을 때 팀원들과 상의할 수 있는 상황을 편안하게 여긴다. 게임이 끝날 때쯤 학생들은 간식과 5분간의 자유시간을 보상으로 받게 된다. 자유시간에 학생들은 친구들과 놀거나 공부를 하며 컴퓨터 작업을 하기도 하고 혼자 있는 시간을 즐길 수도 있다. 교사는 이러한 활동을 할 때는 학생들이 문제 행동을 하지 않기 때문에 전통적인 교수법을 사용할 때보다 훨씬 더 많은 시간을 수업에 몰두할 수 있었다고 보고했다. 나아가서 이러한 활동을 통해 공부한 학생들이 전보다 시험을 더 잘 보았다.

교사들은 수업을 시작할 때 각 유형의 학생들이 욕구를 충족할 수 있도록 도와주면 학생들이 더 잘 집중한다는 사실을 발견했다. 학생들이 당장 노는 시간을 갖거나 혼자만의 시간을 갖거나 원하는 것을 할 수는 없더라도 '이 수업에는 뭔가 나를 위한 것이 있을 거야!' 라고 느끼면 더 호응하게 된다. 다음은 교실에 있는 여섯 유형의 학생들이 특별히 흥미를 느낄 수 있도록 교사들이 고안해 낸 수업 소개의 예다.

. . .

이 수업은 특수교육을 하는 고등학교에서 《로미오와 줄리엣》을 배우는 영어시간에 진행되었다.

"오늘 우리는 캐플릿 경의 집에서 열리는 가면무도회에 갈 준비를 한다. 가면을 준비하기 위해서 우리는 CD를 들으며 《로미오와 줄리엣》 1막 5장을 읽을 것이다. 그런 후에 나눠 준 유인물에 따라 파티에 쓰고 갈 가면을 만드는 방법을 배우게 된다. 캐플릿 경은 베로나의 명망 높은 유지인데 우리는 멋진 가면으로 그에게 깊은 인상을 남기고 싶다. 본문에 묘사된 가면무도회 장면을 주의 깊게 들어 보면서 엘리자베스 여왕 시대 사람들이 특정 색깔, 금속, 재료에 부여하는 의미를 기억하자. 여러분은 작업대 위의 공작 재료들을 사용할 수 있으며 여러분이 가지고 온 재료를 사용해도 좋다. 가면을 완성한 후에는 그 가면과 재료의 의미를 담아 간결하게 작문한다. 과제는 총 25점 만점이다. 완성된 과제는 교실 게시판에 전시할 예정이다."

한 학생이 한 학기 내내 단 한 번의 작문 숙제도 하지 않았는데 이 과제를 내주자 가면을 완성하고 짧은 글을 써냈다!

다음 단원은 특별한 보살핌이 필요한 학생들이 여러 명 속해 있는 중학교의 과학 수업 내용이다. 교사는 상상 속의 나팔을 불어서 학생들의 주의를 집중시켰다.

"좋아, 얘들아! 알다시피 우리는 지금 재활용에 관해서 배우고 있어. 오늘은 이제까지 열심히 공부했던 내용을 실행에 옮겨서 재활용 종이를 만들어 볼 거야. 먼저 팀을 나누고, 각 팀은 내가 준 종이를 2분 동안 구겨서 쓰레기를 만들고 자기 팀의 색깔을 표시해서 쓰레기통에 넣도록 해. 그런 다음에 내가 어떻게 재활용 종이를 만드는지 간단히 시범을 보여 주고 한 단계씩 설명해 줄게. 그 후에 각각의 학생이 한 단계씩을 책임지게 될 거야. 팀원들끼리 서로 도와서 재활용 종이가 탄생하는 거지! 짜잔! 그 종이는 밤새도록 말릴 거고 내일이면 쓰레기로 만든 아름다운 종이를 장식하게 될 거야. 그러니까 오늘 밤에는 여러분이 만든 종이를 어떻게 꾸미고 싶은지 생각해 오기!"

. . .

한 초등학교 교사는 다음과 같은 방법으로 학생들에게 설득하는 글을 쓰는 요령을 가르쳐 주었다.

"오늘 우리는 글만 쓰는 게 아니라 멋진 운동화도 디자인할 거야. 아주 재미있겠지! 자, 들어 봐. 나는 운동화 제조업자야. 지금 색다른 운동화를 만들려고 생각 중이란다. 먼저 너희가 할 일은 내가 여기 테이블 위에 놓아둔 재료(운동화 모양으로 자른 종이, 사인펜, 반짝이 장식, 풀, 별 스티커, 구슬 등)

들을 가지고 운동화를 디자인하는 거야. 그런 다음에 너희가 디자인한 운동화에 대해서 글을 쓰고 왜 내가 그 운동화를 만들어야 하는지 나를 설득하는 거야. 교실 안 어느 장소에서 작업해도 좋아. 어떤 아이디어도 틀린 게 아니야! 오늘 오전에 운동화를 만드는 데 40분을 줄 거야. 그리고 오후에 발표할 글을 쓰는 데 40분을 줄 거야. 제조업자가 만들겠다고 선택한 운동화에는 상을 줄 거야. 그렇지만 제조업자는 참가한 모든 사람들에게 깜짝 선물을 약속했단다. 내일 게시판에 당선작을 전시할 거고 다른 멋진 운동화들은 그 게시판을 향해서 벽을 타고 걸어갈 거야."

교사가 자신의 수완과 창의력을 활용하면 여섯 성격유형 각각의 흥미를 끌 수 있는 수업을 고안해 내서 학생들이 모든 수업마다 과제에 집중하고 최대한 많이 배울 수 있도록 도와줄 수 있다. 그림 10.1에 있는 여섯 가지 수업계획질문은 교사, 부모와 회의를 진행하는 교육 행정가들도 채택해서 활용하고 있다.

· · ·

한 교장이 그해의 첫 번째 교사학부모회의를 다음과 같이 시작했다.

"안녕하세요. 교사학부모회의에 참석하시기 위해 이렇게 어려운 저녁시간을 내주셔서 감사드립니다. 이렇게 많은 부모님들을 뵙게 되어 정말 기쁩니다! 이 회의에 참석하신 부모님들께서는 자녀의 학교생활에 부모님의 역할이 몹시 중요하다는 믿음을 몸소 보여 주고 계십니다. 저희가 분위기를 편안하게 만들기 위해 다과를 좀 준비했으니 편히 드십시오. 우리는 오늘 저녁에 중요한 정보를 함께 나눌 것입니다. 또 부모님들께서 학교의 새로운 얼굴을 만나 볼 기회를 갖는 것도 재미있고 유익할 거라고 생각합니다. 자, 그럼 예정된 시간에 마칠 수 있도록 회의를 시작해 볼까요?"

• • •

한 교육 행정가는 교직원들에게 학생들의 전국 모의고사 결과 자료를 검토할 시간을 주고 다음과 같은 방식으로 회의를 구성했다.

"자, 이제 여러분은 우리 학교 학생들의 전국 모의고사 결과 자료를 충분히 살펴보았을 겁니다. 제가 여섯 가지 질문지를 담은 표를 방에 붙여 놓았으니 걸어다니면서 각각의 질문을 읽어 보세요. 질문을 다 읽은 후 대답하기 편한 질문을 하나씩 고르고 여러분이 속한 그룹에서 의견 일치가 되면 표에 질문에 대한 답을 쓰고 의견도 적어 주세요. 시간은 45분을 드리겠습니다. 각 그룹마다 기록자와 발표자를 정하고 시작하기 전에 필요한 자료를 다 챙기세요."

1. 전국 모의고사 결과 자료를 놓고 볼 때 우리 학교의 금년도 학과목 목표는 무엇이 되어야 한다고 생각하십니까?
2. 전국 모의고사에 들어가는 학과목에서 좋은 결과를 얻으려면 어떤 내부적인 지원이 있어야 한다고 생각하십니까?
3. 학과목의 성취를 저해하는 외부적인 장애물은 어떤 것이 있다고 생각하십니까?
4. 학과목의 급속한 향상을 가져오려면 어떤 창의적인 지원을 생각해 내

야 한다고 보십니까?

5. 학생들이 전국 모의고사에서 성적을 올릴 수 있도록 도와주기 위해 어떤 조치를 취할 수 있을까요?

6. 전국 모의고사에서 우리가 현재 이뤄 낸 좋은 결과를 자축하기 위해 어떤 종류의 재미있고 신나는 행사를 제안하시겠습니까?

교육 행정가는 교직원들이 각자의 성격유형과 가장 잘 부합되는 질문에 집중해서 대답한다는 사실을 발견했다. 약속한 45분이 지난 후에 각 그룹은 발표를 했다. 교직원들의 응답은 전국 모의고사에서 학생들의 성적 향상을 가져오게 할 학교 계획을 수립하는 데 활용되었다.

여섯 가지 성격유형을 이해하면 교육자들은 학생들에게 다가갈 때뿐 아니라 교직원이나 지역사회 구성원들에게 다가갈 때도 도움을 받을 수 있다.

학생 조정 계 획

대부분의 교사들이 학생들과 잘 지내긴 하지만 거의 모든 교실에는 교사를 당황하게 하고 좌절시키는 학생들이 반드시 있다. 여섯 성격유형 중 어느 유형이라도 이런 학생이 될 수 있고 일반 교육이나 특수교육, 대안교육 등 어느 교육 현장에서도 만날 수 있다. 스미스와 폴리는 교사가 문제 행동의 원인을 정확히 판단하고 학생들에게 적용할 성공적인 전략을 생각할 수 있도록 돕기 위해서 학생조정계획표(그림 10.4a)를 개발해 냈다. 이 표는 끊임없이 수업을 방해하거나, 멍하니 앉아 있거나, 자주 결석하거나, 울거나, 가만히 앉아 있지 못하거나, 교사에게 끊임없이 도전하거나, 그 밖의 다른 방식으로 수업을 방해하는 학생들에게 도움을 줄 수 있을 것이다.

그림 10.4a_기입하지 않은 학생조정계획표

이름   학년

장점	행동상의 취약점	성격 구조	심리적 욕구	채널	스트레스 행동
		6. 5. 4. 3. 2. 1.			

그림 10.4b_기입하지 않은 조정전략일지

다룰 문제점	사용 전략	전략의 성공 여부

학생조정계획은 특정 학생을 가르치는 개별 교사가 작성할 수도 있고 몇몇 교사들로 이루어진 팀이 함께 작성할 수도 있다. 일단 학생이 지닌 행동 면에서의 장점과 약점을 파악한다. 교사들은 대체로 성격유형을 판단하는 데는 별 어려움을 느끼지 않는다. 그 학생의 성격 구조를 파악한 후에 심리적인 욕구, 의사소통할 때 선호하는 채널, 스트레스를 받았을 때의 행동 등을 기록한다. 그리고 그림 10.4b의 조정전략일지에 예시된 것처럼 한 번에 한 가지 문제 행동을 선택해서 교사들이 욕구, 채널, 스트레스 행동에 대한 자신들의 지식에 기초하여 조정 전략을 짜낸다. 그런 후에 전략을 실행에 옮기고 성공 여부를 기록한다. 여러 가지 전략을 시도해 보고 성공 여부를 평가할 수도 있다. 어떤 때는 전략이 너무 간단해서 그렇게 큰 효과를 가져올 수 있다는 사실이 놀라울 것이다!

한 교사가 자기 학급에 있는 에릭 때문에 걱정이 많았다. 그 아이는 자주 울고, 몸이 아프고, 교실을 나가는 등의 스트레스 행동을 보였는데 이것은 그 아이의 발달을 방해할 수밖에 없었다. 교사는 그를 반응형 학생이라고 판단했다(그림 10.5a 참조). 교사는 에릭의 성격유형, 욕구, 선호하는 채널을 파악한 후에 매일 아침 따뜻한 말과 미소로 맞아 주었다(그림 10.5b). 이렇게 간단한 방법의 효과는 극적이었다. 에릭의 출석률이 좋아지고 우는 일도 줄어들었으며 몸도 전보다 덜 아팠다. 이 모든 변화 덕분에 에릭은 학습을 훨씬 더 잘할 수 있게 되었다! 다른 교사들도 공격적인 학생(그림 10.6a, b), 멍하니 있는 학생(그림 10.7a, b), 지나치게 큰 소리로 떠드는 학생(그림 10.8a, b)에게서 성공적인 결과를 얻었다.

그림 10.5a_반응형 학생 에릭을 위한 학생조정계획표

이름 에릭   학년 5학년

장점	행동상의 취약점	성격 구조	심리적 욕구	채널	스트레스 행동
책을 잘 읽음 새로운 개념을 잘 이해함 다정함 토론 시 뛰어난 아이디어를 내놓음	낮은 자아상 모르겠다는 말을 쉽게 함 주의집중 시간이 짧음	6. 일중독형 5. 끈기형 4. 선동형 3. 반항형 2. 몽상형 1. 반응형	개인으로서 인정받는 것 소속감 분명한 지시 우선순위를 정할 때 도움이 필요함	보살핌형	자기 비하 울기 몸이 아픔

그림 10.5b_반응형 학생 에릭을 위한 조정전략일지

다룰 문제점	사용 전략	전략의 성공 여부
낮은 자아상	아침에 에릭이 교실에 들어올 때 미소를 지으며 반갑게 맞아 준다	학교에서 아프던 증상이 사라짐

학생조정계획은 개별교육 프로그램에서 목표와 지향점을 개발하는 데 특별히 유용한 도구로 사용될 수 있다. 예를 들어, 그림 10.6a에 묘사된 반항형 학생인 톰은 정서장애 때문에 개별교육 프로그램을 받고 있다. 학생조정계획표에 명시된 그 학생의 조정 목표 중 하나는 수업시간과 쉬는 시간에 소란스럽게 놀고 과격하게 움직이는 행동을 줄이는 것이었다. 그리고 이런 문제를 다루게 될 전략과 성공 여부는 조정전략일지(그림 10.6b)에 기록되어 있다.

그림 10.6a_반항형 학생 톰을 위한 학생조정계획표

이름 톰   학년 6학년

장점	행동상의 취약점	성격 구조	심리적 욕구	채널	스트레스 행동
출석이 규칙적임 창의적인 글쓰기 탄탄한 수학실력	소란스러운 놀이 과격한 몸 움직임 다른 학생들을 괴롭힘 지시를 따르지 않음 잘못을 뉘우치지 않음	6. 반응형 5. 일중독형 4 몽상형 3. 끈기형 2. 선동형 1. 반항형	재미있는 인간관계 자발성 창의성	감정형 (지시형 채널을 피하다)	복수를 함 다른 사람 탓을 함 쉽게 포기함 책상을 두드림

그림 10.6b_반항형 학생인 톰을 위한 조정전략일지

다룰 문제점	사용 전략	전략의 성공 여부
수업과 쉬는 시간에 소란스러운 놀이 과격한 몸 움직임	1. 교실에서 자리를 바꿔 놓음 2. 가까이 두고 통제해 보다가 전략을 바꿔서 학생의 가치관에 호소해 봄 3. 상으로 수업시간마다 15분씩 창의적인 글짓기를 시켜 봄 4. 교실 문에서 반갑게 맞아 주고 (신체적 접촉이 필요함) 학급에서 지도자 역할을 맡김 5. 넘치는 에너지를 줄여 주고 재미있는 교제를 할 수 있도록 친구들과 수업 시작 전에 농구를 하게 함	1. 효과적이지 못함. 소란을 피우고 친구를 놀리며 지시를 할 때 방해함 2. 때로는 효과가 있지만 여전히 친구들을 놀리고 소란을 피움 3. 때로는 효과가 있지만 여전히 자리를 떠나고 다른 학생을 방해함 4. 언제나 기분 좋게 하루를 지내며 과제에 집중함 5. 행동이 크게 개선됨

　　몽상형인 잭(그림 10.7a)은 학습장애가 있다. 그의 학생조정계획표에서 제기된 문제는 수업시간이나 집에서 과제를 끝까지 마치지 못하는 것이다. 그것은 그의 개별교육 프로그램에서 잡고 있는 목표이기도

하다. 이러한 목표를 달성하기 위해서 잭을 도울 수 있는 성공적인(또
실패한) 전략은 그에 관한 조정전략일지(그림 10.7b)에 분명히 드러나
며 그를 가르치는 교사 모두가 정보를 공유할 수 있다.

그림 10.7a_몽상형 학생인 잭을 위한 학생조정계획표

이름 잭   학년 3학년

장점	행동상의 취약점	성격 구조	심리적 욕구	채널	스트레스 행동
출석이 규칙적임 친구가 있음 어른을 존중함	수업시간에 주의를 기울이지 않음 수업에 참여하지 않음 수업시간에 주는 과제나 숙제를 마치지 않음	6. 일중독형 5. 끈기형 4. 반항형 3. 선동형 2. 반응형 1. 몽상형	고독 분명한 지시	지시형	가능할 때마다 교실을 나감 과제가 여러 가지일 경우 우선순위 정하는 것을 어려워함 발표하지 않음 교재를 꺼내는 데 시간이 오래 걸림 숙제를 시작하긴 하지만 마치지는 못함 주위에 무관심함 수동적으로 기다림

그림 10.7b_몽상형 학생인 잭을 위한 조정전략일지

다룰 문제점	사용 전략	전략의 성공 여부
수업시간이나 집에서 과제를 마치지 않음	1. 학생, 부모와 함께 성적이 떨어지는 것에 대해 이야기를 나눔 2. 세 명의 학생과 함께 자리를 앞으로 옮겨 줌 3. 한 명의 학생과 함께 어른 옆으로 자리를 옮겨 줌 4. 학생의 과제물을 게시판에 붙여 주고 칭찬해 줌	1. 변화 없음 2. 변화 없음 3. 수업에 좀 더 참여하고 질문도 함. 숙제도 좀 해 옴 4. 격려해 준 후 혼자 두면 주어진 과제를 계속하고 끝까지 마침

학생조정계획은 어떤 학생에게는 효과가 있지만 또 어떤 학생에게는 효과가 없는 행동계약(behaviour contract, 교사, 학생, 학부모가 함께 특정 행동을 제안하기 위해서 맺는 계약행동의 한계를 정하고 잘했을 때의 보상과 바람직하지 못하게 행동했을 때의 결과 등을 명시한다— 옮긴이) 같은 일반적인 조정방식 대신 특정 유형에게 특별히 효과 있는 조정방식을 선별할 수 있도록 도와주므로 매우 유용하다. 학생조정계획은 각 학생의 특수한 필요와 성격유형에 따라 개별화시켜 줄 수 있다. 한 예로, 교사들은 2학년의 제이미에게 행동계약 방식을 적용하기로 했다. 제이미는 반항형, 선동형 성격으로, 수업시간에 크게 소리를 지르곤 했다(그림 10.8a). 그가 교사와 맺은 행동계약의 핵심은 그것이 '시합'의 성격을 띠고 있다는 것이다. 제이미는 소리를 지르는 횟수를 줄이면서 자신의 이전 기록을 깨 보려고 노력했다. 이것은 그가 지닌 선동형 성격 특유의 자극과 경쟁에 대한 욕구에 부합된다. 그리고 교사들은 상으로 제이미가 손가락 인형을 갖고 놀게 해 주었다. 이것은 재미를 추구하는 그의 반항형 욕구를 충족시켜 주었다. 30분의 수업시간 동안 26차례 소리를 지르던 것이 단 3주 만에 30분 동안 3차례 소리 지르는 것으로 줄어들면서 그의 행동은 눈부시게 좋아졌다(그림 10.8b).

그림 10.8a_반항형 학생인 제이미를 위한 학생조정계획표

이름 제이미   학년 2학년

장점	행동상의 취약점	성격 구조	심리적 욕구	채널	스트레스 행동
수학적 지식 기본 독해력 그림 그리기를 좋아함 책임감이 있음 동물과 공룡에 관심이 많음 책과 그림을 좋아함	소리를 지르며 수업을 방해함 몸을 써서 공격성을 표현함 잘못을 뉘우치지 않음 과잉행동 충동적임 주의집중 시간이 짧음 자신의 페이스를 유지하기가 어려움 말싸움을 함	6. 일중독형 5. 몽상형 4. 끈기형 3. 반응형 2. 선동형 1. 반항형	장난스러운 신체 접촉 재미	감정형	수업을 방해함 큰 소리로 이야기함 "무엇을 해야 할지 모르겠어요"라는 말을 자주 함 말싸움을 함 몸을 써서 공격성을 표현함 잘못을 다른 사람 탓으로 돌림 자신의 페이스를 유지하기가 어려움

그림 10.8b_반항형 학생인 제이미의 조정전략일지

다룰 문제점	사용 전략	전략의 성공 여부
큰 소리로 이야기함 수업을 방해함	가까이 두고 통제함 미리 합의한 신호를 사용해서 다시 지시함 행동계약을 맺음 3분 간격으로 게임을 할 수 있는 보상을 줌	소리 지르는 행동이 30분 동안 26차례에서 3차례로 줄어듦

행동기능평가

행동기능평가는 문제 행동을 보이는 학생들에게 가장 적절한 조정방법을 찾아내는 데 도움을 받고자 특수교육 현장에서 널리 사용되는 기법이다.

행동기능평가는 사건과 특정 행동 사이의 관계를 밝혀 준다. 이 교육 도구는 문제 행동이 충족되지 못한 욕구에서 기인한다는 전제를 깔고 있다. 행동기능평가의 목적은 문제 행동을 평가해서 그 행동이 학생에게 어떤 기능을 하며 학생의 목적이나 욕구에 어떤 영향을 주는지 판단하는 것이다. 그렇게 함으로써 학생이 지니는 욕구를 보다 적절한 방식으로 충족시켜 줄 수 있는 계획을 세우자는 것이다. 문제 행동을 하는 학생들은 여러 가지 이유에서 그런 행동을 한다. 대부분의 문제 행동들은 학생의 욕구를 충족시켜 준다는 점에서 본질적으로는 학생의 상태를 전달해 주는 성격을 띤다.

행동기능평가는 교육자들이 한 팀을 이루어서 시행하게 된다(그림 10.9 참조). 팀은 우선 학생의 문제 행동을 밝혀낸다. 이러한 행동은 가능한 한 측정할 수 있는 말로 표현하는 것이 좋다. "학생이 지나치게 활동적이다"라는 말보다는 "그 학생은 20분 동안 12번이나 자리에서 일어났다"라는 말이 훨씬 더 정확하게 인식되기 때문에 그러한 행동에 대응하기가 쉬워진다.

다음 단계는 다양한 경로를 통해서 자료를 모으는 것이다. 그런 자료들이 문제 행동의 원인을 밝혀 줄 수 있을지, 문제 행동의 패턴을 파악하게 해 줄 수 있을지 알아보는 데 중요하므로 철저하게 수집한다. 자료를 수집하기 위해서는 학생을 관찰하고 부모, 학생, 교사와 인터뷰도 해야 한다.

관찰자는 조정 대상이 되는 문제 행동을 살펴보고 그 행동의 바로 직전에 어떤 일이 일어나는지 판단한다(선행 사건). 그리고 그 학생의 행동으로 인해 어떤 결과가 나타나는지도 주목한다. 학생이 처한 환경에서 특정 문제 행동을 촉발하는 어떤 사건과 문제 행동 간의 관계가 파악되면 문제 행동을 다른 행동으로 대체하는 데 도움이 되도록 선행 사건을 바꿀 수 있을 것이다. 그렇게 되면 대체된 행동은 문제 행동이 충족시켜 주었던 동일한 목적이나 욕구를 충족시켜 줄 수 있다.

그림 10.9_기입하지 않은 행동기능평가표

날짜/시간	선행 사건	행동	결과와 기능
	문제 행동이 일어나기 직전에 무슨 일이 있었는가? (행동의 배경과 행동을 촉발한 사건)	학생이 무슨 행동을 하고 있었는가? (정확하게 표현할 것)	문제 행동 직후에 무슨 일이 일어났는가? 그 행동이 어떤 욕구를 충족시켰는가?

한 예로, 숀이 과제를 하지 않겠다고 거부하는 상황을 살펴보자. 관찰자는 사회 교사가 각 단원이 끝난 후 과제를 줄 때 숀이 종이를 꺼내그림을 그리는 모습을 관찰한다. 교사가 다가가 과제를 하라고 말하면숀은 너무 어렵다고 칭얼거린다. 교사가 다시 재촉하면 숀은 하지 않겠다고 반항적으로 대답한다. 교사는 수업시간에 과제를 안 하려면 교무

실로 가라고 말한다. 손은 교실을 나가면서 교사에게 욕을 한다. 이 상황을 표 10.1에서 선행 사건, 행동, 결과라는 관점에서 분석해 보자.

표 10.1_손의 행동기능평가표

선행 사건	행동	결과와 기능
교사가 과제를 내준다	그림을 그린다	과제를 하지 않는다
교사가 과제에 대해 한 번 상기시켜 준다	칭얼거린다	과제를 하지 않는다
교사가 엄격해진다	반항한다	친구들의 주의를 끌게 되며 과제는 여전히 하지 않는다
교사가 학생에게 나가라고 말한다	교사에게 욕을 하며 교실을 나간다	힘겨루기에서 이기며 과제는 여전히 하지 않는다

교사의 목적은 손이 과제를 하게 하려는 것이었지만 손은 상황을 성공적으로 조종해서 결국 과제를 하지 않게 되었을 뿐만 아니라 친구들의 관심도 끌고 교사와의 힘겨루기에서도 이겼다.

교사들은 이러한 자료를 살펴본 후 문제 행동의 원인에 대해 가정해보고 그 내용을 기록했다(표 10.2). 왜 손은 해야 할 공부를 하지 않는 걸까? 과제가 그 아이에게 너무 어렵거나 너무 쉬운 건 아닐까? 혹시 교사에게 인정받고 싶은 욕구가 있는 것은 아닐까? 친구들 앞에서 쿨해 보이고 싶은 것은 아닐까? 약간 자극을 줘 보고 싶은 것은 아닐까? 교사들은 여러 가정을 통해 왜 손이 이런 행동을 하게 되었는지, 어떤 욕구가 충족되지 못한 것인지 알아내려고 했다.

교사들은 손의 독해 수준이 낮기 때문에 그 단원을 읽고 대답하는 데 상당한 어려움을 겪고 있을 것이라고 판단했다. 숀은 누구도 이 사실을 알아차리게 하고 싶지 않았기 때문에 과제를 해 보려고도 하지 않았다는 것이다.

표 10.2_행동의 배후에 있는 잠재적인 이유 평가하기

행동의 의도나 목적은 다양할 수 있다. 예를 들어, 적절한 수준에서 학습하고 싶은 의도 (수업 수준이 너무 낮거나 높을 수 있다)

- 좌절감을 안겨 주는 과제나 사건을 피하고 싶은 의도
- 관심을 얻고 싶거나 피하고 싶은 의도
- 힘이나 통제력을 얻고 싶거나 피하고 싶은 의도
- 실제적인 보상을 받고 싶거나 피하고 싶은 의도
- 감각적인 자극을 찾거나 피하고 싶은 의도
- 선호하는 과제를 받고 싶은 의도
- 자극이나 재미를 찾고 싶은 의도
- 혼자 있고 싶은 의도

교사들은 모든 자료를 분석한 후 긍정적인 행동을 지원해 줄 계획을 세웠다. 이 계획에는 부정적인 행동이 발생하지 않도록 하기 위해서 선행 사건을 변경하는 방안이 포함되어 있었다. 짝과 함께 문제를 읽고 대답할 것인지, 그 단원을 녹음한 내용을 듣고 질문에 그림으로 답할 것인지, 역시 독해에 어려움을 겪고 있는 다른 학생들과 함께 개별 수업을 진행할 것인지의 방안 중에서 숀이 마음에 드는 것을 선택하라고 하는 것이 변경 방안이 될 수 있다. 선행 사건을 조작하면 뒤따르는 행동도 변화하게 되어 있다.

조정의 목적은 학생의 욕구를 보다 긍정적으로 충족시키기 위해 전

략, 기술, 교사 행동 등에서 변화를 주는 것이다. 이 시점에서는 학생의 성격유형을 파악하는 것이 필수적이다. 만약 슌이 일중독형이고 자신이 공부에 어려움을 겪고 있다는 사실을 친구들이 눈치 채지 않기를 바란다면 교사가 자신을 싫어한다고 여기는 반응형 학생이나 지루해져서 뭔가 사건을 일으키고 싶은 선동형 학생과는 아주 다른 동기에서 과제를 안 하려고 하는 것이다. 슌이 몽상형이라면 녹음된 내용을 듣는 조정 방법이 가장 큰 효과를 보았을 것이다. 만약 반항형이라면 그룹으로 공부하고 대답을 그림으로 나타내는 방법에 잘 반응했을 것이다. 일단 학생의 성격유형과 그에 따르는 욕구가 파악되면 가장 적절한 조정방법을 선택할 수 있다. 여기서는 문제 행동과 같은 기능을 하는(즉, 동일한 욕구를 충족시켜 주는) 대체 행동을 찾아내는 것이 중요하다. 그렇기 때문에 학생의 성격유형을 아는 것이 충족되지 못한 욕구가 무엇인지를 신속히 파악하는 데 도움이 된다.

표 10.3은 충족되지 못한 욕구를 파악하고 적절한 조정방법을 고안해 내기 위해서 또 다른 행동을 살펴본 것이다. 여기서도 효과적인 조정 방법을 계획하기 위해서 학생의 성격유형을 판단하는 것이 핵심이다. 표 10.4는 각 성격유형이 지니는 욕구와 행동의 동기에 근거해서 행동 변화를 가져올 수 있는 조정전략을 살펴본 것이다.

표 10.3_행동기능평가표의 또 다른 예

선행 사건	행동	결과와 기능
교사가 수업이 끝날 때 구두로 과제를 내줌	수업시간에 숙제를 거의 해 오지 않음	학생은 점심시간에 놀지 못하고 숙제를 마저 해야 함

표 10.4_성격유형별 욕구와 행동의 동기 그리고 조정전략

성격유형	충족시켜 주어야 할 욕구	행동의 동기	행동 변화를 가져올 수 있는 적절한 조정전략
반응형	전인적인 인정	교사와 개인적인 시간을 더욱 많이 갖고 싶어 한다	학생을 교실 문 앞에서 맞아 주며 사적인 질문을 한다, 다른 친구들을 위해서 집판에 숙제를 써 달라고 부탁한다
일중독형	과제에 대한 인정 쾌락이 있는 시간표	친구들 앞에서 바보처럼 보이지 않기를 바라며 필요한 도움을 받고 싶어 한다	과제를 학생의 수준에 맞춰서 내주어야 한다, 가능할 때마다 칭찬을 해 준다, 과제를 적었는지 확인한다, 가능할 때는 개별적으로 도와준다
끈기형	신념	과제가 공정한지에 대해서 교사와 토론하기를 바란다	가능할 때는 학생의 의견을 물어본다, 숙제를 제출했을 때는 성실함에 대해서 칭찬해 준다, 책임감의 중요성에 대해서 토론한다
몽상형	고독, 틀	교사에게 개별적으로 과제를 받고 싶어 한다, 방해받지 않고 혼자서 과제를 하고 싶어 한다	수업시간에 학생이 혼자 있게 해 준다, 과제를 적었는지 확인한다, 집에서도 과제의 틀을 짜는 데 도움을 주고 혼자 있는 시간을 주도록 부모와 상의한다
반항형	재미있는 인간관계	교사의 전적인 관심을 원한다	교실에서 장난스럽게 일 대 일로 관심을 준다, 학생들에게 숙제를 알려 주는 역할을 맡긴다
선동형	사건, 자극	친구들 앞에서 쿨한 모습을 유지하고 싶어 한다, 교사와 숙제를 놓고 협상할 수 있는 기회를 갖고 싶어 한다	모든 학생이 숙제를 적었는지 검사하는 역할을 맡긴다, 숙제 검사를 하도록 맡긴다

행동기능평가의 목적은 학생의 욕구를 허용될 만한 방식으로 충족시켜 주자는 것이다. 몽상형의 욕구는 혼자 있고 싶다는 것인 반면 반항형의 욕구는 재미있게 교제하고 싶다는 것이다. 반항형의 경우에는 교사가 교과내용을 전달하고 학생과 상호작용하는 방식이 해결의 열쇠가 될 수 있으며 과제를 내줄 때 감정형 채널을 통해서 활기찬 목소리로 전달하는 것만으로도 학생의 욕구를 충족시킬 수 있다. 일중독형이 학습과정에 어려움을 겪고 있다면 학생이 작은 단원별로 올바르게 공부한 것을 칭찬해 주는 것이 가장 적절한 대응이다.

행동기능평가는 학생조정계획과 조화를 이룬다. 문제 행동을 보이는 학생을 위한 가장 효율적인 조정은 이 두 가지 교육 도구를 통합해서 활용하는 것이다. 우선 문제 행동을 선정하고 성격유형에 따른 욕구를 검토하면 유형별 조정전략을 세울 수 있다. 이러한 접근방식은 학생을 보다 긍정적으로 변화시킬 가능성이 높다.

학생의 성격유형에 따른 101가지 칭찬 표현

피드백은 교육에 있어서 가장 중요한 요소다. 그렇기 때문에 우리가 어떤 조정방식으로 성공을 거두게 되면 우리는 그 방식이 다른 학생에게도 효과가 있기를 바란다. 학생들은 우리의 칭찬과 긍정적인 인정을 필요로 한다. 보다 긍정적인 피드백을 주고 싶어 하는 많은 교사들은 학생들을 칭찬해 줄 때 사용할 다양한 문구들을 나름대로 가지고 있겠지만 학생의 성격유형까지 파악하고 있다면 더욱 적절한 조치를 취할 수 있을 것이다. 그림 10.10은 학생들을 격려해 줄 수 있는 말을 학생의 성격유형에 근거해서 유형별로 보여 준다. 예를 들어, "잘했어"라는 말은 공

그림 10.10_학생의 성격유형에 따른 101가지 칭찬 표현

반응형(보살피는 어조로)
넌 정말 특별해
근사하다
굉장하구나
환상적이야
넌 정말 멋져
넌 참 예쁘다
네가 좋단다
아주 아름답게 했구나
놀라워
훌륭하구나
넌 소중한 사람이야
눈부시네
넌 정말 열심히 듣는구나
넌 참 자상하구나
친구들과 나누는 모습이
　아름답다
네 덕분에 하루가 밝아졌어
네가 최고야
넌 참 좋은 친구야
넌 정말 대단하구나

일중독형(담담한 어조로)
훌륭한 성과다
잘했어
멋진 작업이구나
환상적으로 해냈어
뛰어난 성과야
넌 책임감이 강하구나
넌 다른 사람의 의견을 잘
　들어 주는구나
네 말이 맞아
A플러스감이네
최고야
오늘 아주 많은 공부를
　했구나
너는 아주 잘하고 있어
계속 그렇게 잘 하도록
　해봐
좋은 생각이구나

선동형(활기찬 어조로)
멋져!
잘했어
놀랍군
넌 지금 최고로 잘하고 있어
정말 최고의 실력이야
네가 정확하게 파악했어
브라보!
넌 정말 환상적이야
적중했어!
이제 완전히 터득했구나!
이제 누구도 너를 막을 수
　없겠는걸!
네가 최고다!
눈부시구나!
훌륭한 발견이야!
비밀을 알아냈구나!
넌 정말 재미있어
걸작이야!
네가 하니까 참 쉬워 보이네
난 너보다 더 잘하는 사람을
　본 적이 없어
초일류 아이디어야
맞아!

몽상형(낮고 직선적인 어조로)
좋아
이제 확실하게 알고 있구나
바로 그거야
이제 넌 잘할 수밖에 없어
네가 알아냈네
맞았어
난 네가 할 수 있을 줄 알았어
넌 지금 올바르게 하고 있어
이제 되었구나
열심히 집중하고 있네
그걸 아주 잘 해냈구나
완벽해
창의적인 아이디어구나
깊은 통찰력이 돋보이는구나

반항형(활기찬 어조로)
와!
그래, 그렇게 가는 거야!
짱인데! 굉장해!
난 네가 해낼 줄 알았어
환상적이야!
멋져 보여!
넌 지금 최고로 잘하고 있어
이제 확실히 알았구나
오, 놀라워라!
넌 정말 특별해
넌 참 괜찮은 아이야
대단하구나!
네가 최고다!
훌륭해! 눈부셔!
만세! 딱 맞췄네!
창의적인 작품이야!
넌 정말 재미있어!
걸작이야!
어떻게 그런 생각을 다 했어?
네 덕분에 너무 재미있어졌어
넌 정말 날 놀라게 했어!

끈기형(담담한 어조로)
난 네가 자랑스럽다
네 생각은 어때?
네가 아주 큰 도움을 주었어
좋아 대단한 발견이구나
놀라워 창조적이구나
탁월하게 해냈어
넌 다른 사람의 이야기를 잘
　들어 주는구나
A플러스감이네
난 너를 믿어
바로 그거야 좋은 생각이다
너는 그걸 아주 잘하는구나
나는 네 생각이 아주 중요하
　다고 생각해

부로 인정받고자 하는 일중독형에게는 완벽한 칭찬이 되지만 반응형이나 반항형 학생에게는 별 의미가 없으며 부정적인 효과를 가져올 수도 있다. "네가 와서 기쁘구나"라는 말은 반응형에게 의미가 있다. 이 말은 교사와의 관계가 자신이 내놓는 학습 결과에 따라 바뀌지 않을 것이라는 뜻으로 받아들여지기 때문이다. "그래, 그렇게 가는 거야!"라는 말은 반항형에게 과제가 중요하기도 하지만 재미있기도 하다는 사실을 전달해 준다. 학생들은 교사가 자신의 과제물에 의견을 써 줄 때도 긍정적으로 반응한다. 예를 들어, 작문 숙제를 열심히 한 학생에게 "아주 통찰력 있는 글이구나. 네가 꼭 발표했으면 좋겠다"와 같은 의견을 써 준다면 여러 성격유형의 학생들에게 효과가 있을 것이다. 학생들은 모두 자신의 과제에 대해 칭찬받는 것을 좋아한다. 반항형, 선동형, 일중독형, 끈기형은 자신의 과제를 친구들 앞에서 발표하는 것을 특히 좋아한다. 시험지나 과제물을 채점할 때 이 리스트를 참고하면 학생들에게 적절한 피드백을 주는 데 도움이 될 것이다.

요 약

자신의 욕구가 충족되는 것은 누구에게나 대단히 중요하다. 학생이 학교에서 욕구를 긍정적으로 충족시키지 못했을 때는 수업을 방해하거나, 무관심해지거나, 말싸움을 하거나, 말썽을 피우게 된다. 물론 이러한 문제 행동을 보일 때는 학습도 잘 이루어지지 않는다. 그렇지만 교실에서 자신의 욕구가 충족되고 있다고 느끼는 학생은 거의 문제를 일으키지 않는다.

우리가 1장의 그림 1.4와 1.5로 되돌아가 보면 각 성격유형에 따라

기본 욕구와 선호하는 의사소통 채널이 다름을 알 수 있다. 교사가 그러한 욕구를 개별적으로 충족시켜 주려는 노력을 하고 다양한 의사소통 채널을 활용하면 문제 행동을 보이는 학생들의 변화를 효과적으로 이끌어 낼 수 있다.

수업계획질문, 학생조정계획, 행동기능평가, 학생의 성격유형에 따른 101가지 칭찬 표현이라는 네 가지 교육 도구를 활용하면 교사는 학생들에게 적용해야 할 전략을 알아낼 수 있고 교실 안에서 일어나는 문제 행동은 최소화되면서 최대한의 학습효과를 볼 수 있을 것이다.

교사 자신의
스트레스 해소방법

9장에서 우리는 욕구가 충족되지 못한 학생들이 스트레스를 받을 때
어떤 행동을 하게 되는지 살펴보았다. 그리고 교사들이 이러한 부정적
인 행동을 방지하기 위해서 개입할 수 있는 방법들을 찾아보았다. 그렇
지만 학교생활을 하면서 학생들만 압박과 스트레스를 받는 것은 아니
다. 유능한 교사들도 때때로 스트레스를 받고 있는 자신을 발견하게 된
다. 이 장에서는 각 성격유형의 교사들이 스트레스를 받을 때 취하는 전
형적인 행동들을 보여 준다. 그리고 교사가 받는 스트레스의 원인을 살
펴보고 그들의 스트레스 강도를 줄여 줄 수 있는 방법들을 제안한다.

교사들의 스트레스 요인

초 · 중 · 고등학교 교사들을 대상으로 실시한 조사에서 연구자들은 다
음과 같은 요소들이 교사들이 받는 스트레스의 주된 원인임을 발견했
다.

1. 평가와 책임에 대한 부담이 큰 상황: 시험이 학교와 교사들을 평가하

는 데 큰 비중을 차지하고 있다. 교사들은 매년 맡고 있는 학생들이 현재 성적 수준을 넘어서야 한다는 지시를 듣는다. 학교 당국은 학생들이 적정 학년 수준이나 또는 그 이상의 수학 능력을 보이고 있을 때도 더 잘해 줄 것을 기대한다. 이러한 상황은 교사들에게 엄청난 압박감을 주며 종종 내면의 갈등을 일으키게 한다. '수업시간에 시험 공부에 더 많은 시간을 할애해야 하는 것은 아닐까? 내 과목에서 학생들에게 필요한 지식은 어떻게든 습득하게 해야 하는 것은 아닐까?' 라는 고민을 하게 만드는 것이다.

2. 수업을 준비하고 학생들의 욕구를 충족시켜 줄 시간이 부족한 상황: 교사들의 일과는 교문을 들어서는 순간부터 나서는 순간까지 책과 채점할 시험지들로 가득 찬 채 빽빽하게 흘러간다. 교사가 수업을 준비해야 할 시간에 회의에 참석하고 서류를 작성하고 학생과 만나야 한다. 따라서 수업을 준비할 시간은 고사하고 화장실에 가는 것처럼 개인적인 욕구를 해결할 시간조차 거의 없는 지경이다!

3. 만능 교사를 요구하는 상황: 교사는 해당 교과목의 전문가일 뿐만 아니라 컴퓨터도 다룰 줄 알아야 하고 가정불화, 이성문제 등에 대해서도 능숙히 상담할 수 있어야 하며 훌륭한 연설가이자 능란한 중재자 역할까지 해낼 수 있어야 한다고 요구된다.

4. 문제 학생을 다루어야 하는 상황: 한 학급 안에서 모두 충족시켜 주기 어려울 정도로 다양한 욕구를 가진 학생들을 만나는 것은 드문 일이 아니다. 정서와 행동상 문제를 갖고 있거나 여러 가지 장애가 있거나 또는 학업 면에서 특별한 지도를 요하는 학생들이 학급에 포함되어 있어서 일반적인 교육을 맡고 있는 교사에게 어려움을 안겨 준다.

5. 부모의 다양한 요구에 맞추어야 하는 상황: 오늘날 많은 부모들이 바쁘거나 아이들 일에 무관심해서 소통하는 게 어려울 수 있다. 또 어떤 부모들은 지나치게 열성적이어서 교사가 부담스러울 수도 있다. 이런저런 이유로 교사가 부모와 개방된 대화를 나누는 게 점점 더 어려워지고 있다.

6. 차별화된 수업을 진행해야 하는 상황: 장애가 있는 학생, 무관심한 학생, 영재 학생, 운동 특기로 수업이 면제된 학생 등 너무나 다양한 학생들로 학급이 구성되어 있어서 교사는 학업과 행동 지도 면에서 일상적으로 다양한 도전에 직면하게 된다. 수업을 준비하고 교사들이 서로 협의할 시간이 충분하기 않기 때문에 학생들의 다양한 요구를 충족시켜 주기 위해서 수업을 차별화한다는 것은 불가능해 보인다.

7. 교사들이 서로 협의할 시간이 부족한 상황: 학생들의 욕구가 다양하기 때문에 교사들이 학년별 교사, 과목별 교사, 상담교사, 특수교사 등 동료 교사들과 협의하는 것은 필수적이다. 동료들의 조언 없이는 학생의 특수한 욕구를 파악하고 그러한 학생에게 적용할 효과적인 방법을 찾아내는 게 훨씬 어렵다.

8. 칭찬을 들을 수 없는 상황: 오늘날의 교사는 학생들에게 동기를 부여할 수 있는 적절한 방법을 찾아내서 흥미롭고 창의적인 방식으로 교과내용을 가르치고 학생들이 시험에서 좋은 성적을 내도록 지도해야 한다. 이러한 압박감이 점점 심해지고 있기 때문에 교사들은 자신이 잘하고 있다는 말을 들을 필요가 있다. 교육 행정가들은 새로운 과제를 주고 소속된 교사들을 평가하느라 바빠서 교사가 기울이는 긍정

적인 노력을 인정해 주는 데 소홀하다. 그들은 교사가 수업에 도입하는 창의성을 알아봐 주지 못하고 교과 계획, 시험지 채점, 학부모와의 연결, 학생의 개인적인 문제해결을 위해 기울이는 노고를 인정해 주지 못한다. 많은 교사들이 몇 년 동안 상사에게 칭찬을 들어 본 적이 없다고 말한다!

교사에게 스트레스를 줄 만한 일들이 많이 일어나는 것은 분명하다. 많은 교사들이 너무 힘들어서 교직을 떠난다는 사실에서 알 수 있듯이 상당수의 교사들이 이러한 스트레스 요인에 굴복한다. 어떤 교사들은 행정이나 지원 부서로 옮겨 가기도 하지만 교육계를 완전히 떠나는 사람들이 대부분이다. 관련 연구결과는 교사가 직장에서 행복하게 지내려면 그들의 욕구가 충족되어야 한다는 사실을 보여 준다. 교사가 차별화된 수업을 준비하고 효율적으로 가르치려면 교사 스스로가 자신의 욕구를 돌보는 것이 중요하다. 그렇게 하지 못할 경우 교사들은 지치거나, 보다 큰 만족을 주는 다른 직업을 찾게 된다.

물론 각자의 욕구를 충족시키는 것은 궁극적으로 개인의 책임이다. 그러나 교사가 동기를 유지하도록 돕는 것은 동료 교사와 교장이 줄 수 있는 가장 좋은 선물이기도 하다. 동료 교사와 교장은 그들을 어떻게 도울 수 있을까? 대부분의 교사들은 성격유형 중 일중독형, 끈기형 그리고 반응형이 가장 잘 발달된 특성으로 자리 잡고 있다. 일중독형과 끈기형은 일에 대한 인정을 필요로 한다. 그렇기 때문에 어떤 일을 잘했을 때 교무회의 도중에 그 내용에 대해서 칭찬해 주는 것이 좋은 시작이 될 수 있다. 반응형 교사들은 좋은 사람이라는 인정을 받고 싶어 한다. 매일 몇 분씩 이야기를 나누는 것처럼 간단한 방법으로도 자신이 인정받고 있다는 확신을 줄 수 있다.

성격 구조의 단계별 스트레스 행동과 해소방법

앞서 우리는 성격 구조의 단계가 변화하는 현상에 대해 이야기했고 약 70퍼센트의 사람이 살면서 한 번 이상의 단계 변화를 겪는다고 했다. 이 중에는 물론 교사들도 포함되어 있다. 단계는 현재의 동기와 스트레스 행동을 결정하기 때문에 그 개념을 이해하는 것이 중요하다. 개인이 일상적인 스트레스를 받을 때는 현 성격 단계와 관련된 스트레스 행동을 보인다. 그러나 심한 스트레스를 받으면 그 사람의 기본 성격과 관련된 스트레스 행동을 보이게 된다. 표 11.1은 성격유형별 스트레스 행동을 보여 준다. 다음에 나오는 이야기들은 이러한 개념을 구체적으로 묘사한다. 여기서 곤경에 빠진 교사들은 여전히 좋은 사람들임을 기억해야 한다. 단지 그들이 스트레스를 받을 때 보이는 행동이 수정되어야 할 뿐이다. 이러한 행동을 줄일 수 있는 열쇠는 그 사람의 욕구를 긍정적으로 충족시킬 수 있도록 도와주는 것이다.

표 11.1_교사들의 성격유형별 1도, 2도, 3도 스트레스

반응형 단계

1도	학생이나 동료에게 지나치게 맞추려고 한다
2도	실수를 한다, 수업시간에 잘 주장하지 못한다
3도	거부당한다고 느낀다("사람들이 날 좋아하는 것 같지 않아.")

일중독형 단계

1도	학생들 생각을 지나치게 많이 한다

| 2도 | 지나치게 통제하려고 한다, 사고력과 관련된 문제에 있어서 학생들을 지나치게 비난한다 |
| 3도 | 거부한다("그놈들은 생각을 할 줄 몰라.") |

끈기형 단계

1도	학생들이 잘한 부분 대신 잘못한 부분에 집중한다
2도	신념을 강요한다, 교실에서 개혁을 주장하거나 설교한다
3도	학생들을 포기한다("ㄱ 아이들은 배우겠다는 생각이 전혀 없어.")

몽상형 단계

1도	학생들의 욕구를 보살피지 않는다
2도	수동적으로 기다린다, 학생들을 피한다
3도	활동에서 소외된다("아무도 내게 무엇을 했으면 좋겠다고 말해 주지 않아.")

반항형 단계

1도	모든 일을 다 장악하려고 한다
2도	사물, 상황, 동료, 학생 탓을 한다
3도	복수심을 느낀다("뭔가 보여 주겠어.")

선동형 단계

1도	학생들이 알아서 하기를 바란다
2도	사람들을 조종해서 부정적인 드라마를 꾸며 낸다
3도	학생들을 방치한다("도저히 참을 수가 없군!")

반응형 교사의 이야기

폴라는 전형적인 반응형 초등학교 교사를 대표한다. 반응형은 따뜻하고 자상한 천성에 맞는 초등학교 교사직으로 많이 들어선다. 폴라에게는 학생, 부모, 다른 교사들이 자신을 좋아하는 게 중요하다.

나는 8년째 초등학교 교사로 일하고 있다. 나는 아이들을 좋아하며 매일 그 아이들에게 내가 그들을 좋아한다는 사실을 보여 준다. 학생들도 나를 잘 따른다. 그리고 그 아이들은 내 수업에서 많은 것을 배운다. 나는 내 학급에서 모든 학생이 편안하게 더 많이 배울 수 있도록 배려하는 것이 중요하다고 생각한다.

나는 학생과 부모, 교장선생님에게 내 수업에 관한 긍정적인 피드백을 많이 받는다. 그렇지만 가끔은 당혹스러울 때도 있다. 그럴 때면 신경이 곤두서고 아드레날린이 솟구치는 것을 느낄 수 있다. 그런 신체적 반응은 여러 가지 요소로 인해 촉발된다. 아이들이 통제를 벗어나기 시작했다고 느낄 때면 당황스럽고 긴장된다. 어떨 때는 울고 싶어진다.

나는 사람들에게 하기 싫은 일을 억지로 시키고 싶지 않다. 내가 그런 일을 시켜야 하는 상황이 되면 약간 우유부단해진다. 예를 들어, 지난주에 나는 다른 교사들에게 학교 당국이 요구하는 어떤 일을 부탁해야 했었다. 나는 다른 교사들이 그 일을 하고 싶어 하지 않는다는 사실을 알고 있었기 때문에 그 일에 대해 설명하는 동안 계속해서 사과를 했다. 나는 교사들의 입장을 이해했지만 그런다고 상황에 전혀 도움이 되지는 못했다는 느낌이 들었다.

나는 다른 사람의 감정을 상하게 하기 싫다. 한번은 몇몇 교사들과 팀으로 일하면서 우리의 아이디어를 발표하기 위해 표를 만든 적이 있었다. 나는 기록을 맡은 교사가 철자를 틀리게 쓴 것을 발견했다. 그렇지만 망신을 주고 싶지 않아서 바로 지적하지 않고 사람들이 다 떠난 후에 내가 직접 표를 고쳤다.

나는 엄청난 양의 서류 업무가 주어지거나 잠이 부족할 때면 스트레스를 받는다. 예를 들어, 학년 말이 되면 너무 많은 일을 마무리해야 하기 때문에 질려 버릴 때도 있다. 교사들은 성적표를 작성하고 교사 의견을 쓰는 일뿐 아니라 수학과 독해가 얼마나 향상되었는지 보여 주는 표까지 만들어야 한다. 이런 상황에서 나는 의기소침해지고 물건을 잃어버리기도 한다.

　교실에서 내가 가장 곤란할 때는 집에 개인적인 문제가 있을 때다. 한번은 내 딸아이가 몹시 아팠는데 정말 어떤 일에도 집중할 수가 없었다. 아이와 집에 있고 싶었기 때문에 교실에 있어야 한다는 사실이 무척 힘들었다. 기르던 고양이가 죽었을 때도 그런 기분이었다.

　내가 가장 큰 스트레스를 받았던 상황은 리더십이 전혀 없는 교육 행정가와 일하던 때였다. 나는 그가 교육방법 면에서 교사들을 이끌어 주기를 바랐지만 그는 그럴 능력이 없었다. 교무회의는 시간 낭비였고 교사들에게 아무런 피드백도 주지 못했다. 그는 종종 마지막 순간에 회의를 취소했다. 자기 사무실로 들어가면 문을 닫고 블라인드를 내려 버리곤 했다. 그런 행동은 소외감을 일으키고 전 교직원의 사기를 저하시켰다. 우리는 그에게 의지할 수 없었으며 스케줄조차 의논할 수 없었다. 그때가 내 교직생활을 통틀어서 최악의 6개월이었다. 그때는 항상 스트레스를 받았고 내게 권한이 있다는 느낌이 안 들었다. 사고도 흐릿해지고 집중도 할 수 없었다. 학생들도 내가 스트레스를 받고 있다는 사실을 알았다. 내가 경직되면 아이들 역시 그랬다. 명랑하게 굴려고 노력했지만 늘 성공했던 것은 아니었다. 내 목소리에 긴장감이 묻어났고 어조가 바뀌었으며 매사에 불분명해지고 교재를 준비해 놓지도 못했다. 불행하게도 학생들은 내가 화를 내고 있다고 생각했다.

* * *

반응형 교사의 스트레스 행동과 해소방법

반응형이 스트레스를 받으면 초기에는 다른 사람들에게 자신을 맞추려고 지나치게 노력한다. 결정을 내리는 데 어려움을 겪거나 학생들을 통솔하지 못하게 된다. 스트레스가 강해지면 이미 할 줄 아는 일들을 하는데도 실수를 한다. 교실에서 주장이 약해지고 물건을 찾지 못하거나 필요할 때 교재가 준비되어 있지 않은 상황도 벌어진다. 반응형은 스트레스가 심해지면 학생이나 동료들에게 거부당한다는 느낌을 받거나 아무도 자신을 좋아하지 않는다고 여기면서 우울해지기도 한다. 이러한 현상은 반응형 교사들이 욕구를 긍정적으로 충족하지 못했을 때 나타나는 경고 신호들이다.

반응형은 사람들의 인정과 감각적인 자극을 필요로 한다. 그들은 따뜻하고 자상하며 민감한 사람들이기 때문에 사람들이 자신을 좋아한다는 것을 확인받고 싶어 한다. 그리고 편안한 의자, 아늑한 둥지 같은 환경, 부드러운 음악 등을 필요로 한다. 표 11.2는 반응형 교사들이 욕구를 충족시킬 수 있는 몇 가지 제안을 담고 있다.

표 11.2_반응형 교사에게 도움이 되는 실천계획

욕구_ 인간적으로 인정받고 감각적인 자극을 받고 싶어 한다.

반응형은 특별하고 고유한 개인으로 인정받아야 할 필요가 있다. 반응형에게는 가정이나 직장에서의 인간관계가 중요하다. 자신을 좋아하고 염려해 주는 사람들, 따뜻함과 관심을 나눌 사람들이 주위에 있어야 한다. 반응형은 자신을 받아들여 주고 인정해 주며 자신을 원하는 사람들로 이루어진 팀에서 일할 때 가장 잘할 수 있다. 반응형은 다음과 같은 방법으로 욕구를 충족시킬 수 있다.

직장에서

- 직장에서 좋은 친구를 사귄다
- 가능하면 사람들에게 친절하게 대하고 눈을 맞추면서 대화한다
- 동료에게 진심으로 가족의 안부를 묻는다
- 당신이 자주 바라볼 수 있는 장소에 사랑하는 이들의 사진을 놓아둔다
- 교실을 아름답게 꾸민다
- 학생들이 들어올 때 미소를 띠며 맞아 준다
- 당신을 좋아하는 동료와 함께 팀을 이루어 수업한다
- 미술 동아리, 요리 동아리 같은 모임을 지도한다
- 친밀감이 담긴 칭찬으로 학생의 성취를 축하해 준다
- 학생의 생일에 축하해 주는 시간을 갖는다
- 교실에 화초를 놓아둔다
- 부드럽고 편안한 옷과 신발을 착용한다
- 새로 알게 된 사람이나 동료에게 일주일에 한 번 정도 먼저 다가가서 대화를 해 본다

사생활에서
- 가족에게 사랑한다는 말을 자주 한다
- 아무도 방해할 수 없는 자신만의 특별한 시간을 하루 15분 정도 갖는다
- 당신과 통하는 사람들과 모임을 만든다
- 적어도 일주일에 한 번 정도 친한 친구와 식사를 한다
- 좋아하는 음악을 틀어 놓는다
- 소원했던 친구에게 전화를 건다
- 친구들의 생일에 맞춰 축하카드를 보낸다
- 집 안에 긴장을 풀고 휴식을 취할 수 있는 편안한 장소를 마련한다
- 뜨거운 물로 여유롭게 목욕을 한다
- 마사지를 받아 본다
- 집에서 직접 음식을 만들어 친구들을 초대한다
- 일기를 쓴다, 특별한 사람이 있다면 그 사람과 대화하는 것처럼 써도 좋다

끈기형 교사의 이야기

프랭크는 모범적인 중학교 영어 교사다. 그는 무척 성실하기 때문에 승진해서 지금은 3학년 영어 주임을 맡고 있다. 프랭크는 전형적인 끈기형 중학교 교사의 모습을 보여 준다.

• • •

나는 스스로를 훌륭한 교사라고 생각한다. 나는 완벽한 수업을 하기 위해 자신에게 압박을 가하는 편이다. 물론 수업이 언제나 완벽한 것은 아니다. 누군가가 불완전한 수업을 진행하는 내 모습을 지켜볼 수도 있다는 생각은 스트레스를 준다. 때로는 스트레스가 너무 심해서 신체적인 증상까지 나타나고 지나치게 긴장해서 폭발할 것 같은 느낌이 들기도 한다. 그럴 때면 학생들이 잘하는 것을 칭찬하는 대신 그 아이들이 잘못하고 있는 부분에 초점을 맞추게 된다.

나는 아침에 눈을 뜨는 순간부터 잠자리에 드는 순간까지 학생들, 교사들, 내가 맡은 부서에 대해서 생각한다. 오늘은 무엇을 할 것인가? 어떻게 하면 완벽하게 할 수 있을까? 아이들의 학습을 돕기 위해서 어떤 전략을 사용할 것인가? 내 부서에 있는 교사들이 최선을 다할 수 있도록 어떻게 격려할 수 있을까?

나는 자신과 동료들에게 높은 기대를 한다. 나는 내 수업이 항상 완벽하기를 원하기 때문에 수업을 아주 면밀하게 준비한다. 한번은 각각의 학생에게 맞춘 철자 학습 프로그램을 생각해 내기도 했다. 그렇게 잘하려고 하면서 몹시 힘들었지만 나는 완벽하게 차별화된 철자 수업을 하고 싶었다. 수업을 철저하게 준비할 시간이 부족하면 나는 비록 그 수업이 최고의 수업이었다 할지라도 큰 스트레스를 받는다.

나는 학생들에게도 많은 것을 기대한다. 나는 학생들이 열심히 공부해서 최대한 많은 것을 배워야 한다고 생각한다. 학생들이 자신의 능력을 최대한 발휘하지 않을 때면 심하게 나무라기도 한다. 설교를 하거나 냉소적이고 날카로운 말을 한다. 그렇지만 교사로서 바람직한 행동은 아니라고 생각하기 때문에 자주 그러지 않으려고 조심한다.

나는 영어 주임으로서 내 담당인 교사들도 질 좋은 수업을 해 줄 것을 기대한다. 어떤 교사들은 내가 좀 몰아붙인다고 생각할지도 모르지만 나는 우리 교사들의 수업방식이 학생들의 성패 여부를 결정한다고 믿는다. 그렇기 때문에 우리는 수업을 성의 있게 준비하고 능력을 최대한 발휘해서 가르쳐야 하며 학급 내에서 훈육과 통제를 해야 한다고 믿는다. 나는 학생들에게 최선을 다하지 않는 교사들을 비판한다. 또 자신의 자녀를 올바르게 도와주지 않는 부모들에게도 화가 난다.

지난주에 나는 내 교육 철학과 담당 교사들에게 지시해야 하는 내용 사이에서 갈등을 겪었다. 나는 교사들이 학생들에게 창의적인 사고를 장려하고 옳고 그름을 가르쳐야 한다고 믿는다. 그런데 교육 행정가들은 학생들에게 '시험을 잘 치도록 가르쳐서' 시험점수를 올려야 한다고 주장한다. 나도 시험점수의 중요성은 인정하지만 시험점수가 가르칠 내용을 결정해서는 안 된다고 믿는다. 나는 이러한 요구사항을 교사들에게 전달해야 하는 일을 놓고 스트레스를 받았다. 나는 교육제도에 화가 났고 이렇게 하도록 강요하는 행정가들을 비난하게 되었다. 지금 나는 도덕적인 진퇴양난에 빠져 있다. 내가 믿지 않는 일을 교사들에게 지시할 수 있을 것인가? 내가 이런 교육제도에 속해서 계속 일할 수 있을까? 난 이 두 가지 질문에 대한 답을 아직도 찾고 있다.

* * *

끈기형 교사의 스트레스 행동과 해소방법

끈기형 교사가 스트레스를 받으면 초기에는 학생, 동료, 학부모, 학교 당국이 잘못한 일에만 집중한다. 그들은 강조할 점을 장황하게 표현하고 설교하며 독선적으로 행동하고 학생들을 조롱하기도 한다. 스트레스가 강해지면 학생 신분에 맞는 행동이나, 학교 교육이 학생들의 장래에 미치는 중요성 같은 문제에 대해서 설교를 하게 된다. 그들은 성실하지 못하다거나 틀린 대답을 했다고 학생들을 비난할지도 모른다. 스트레스가 너무 심해지면 배우려는 의지가 약하다는 이유로 학생들을 포기해 버릴 수도 있다.

끈기형 교사들 중 많은 사람들이 주임, 교장, 중앙교육위원 심지어는 교육감이 되기도 한다. 이런 위치에서 스트레스를 받으면 동료를 칭찬해 주는 것을 잊어버리고 잘못되어 가는 일에만 초점을 맞출 수도 있다. 그들은 다른 사람들이 성실하지 못하다고 비난하거나 자신이 확신을 갖고 있는 프로그램이나 계획을 채택하도록 고집을 부리기도 한다. 뜻이 맞지 않는 교사를 해고하거나 다른 부서로 보내는 경우도 있다.

이러한 행동은 끈기형 교사가 자신의 욕구를 긍정적으로 충족시키지 못하고 있음을 보여 준다. 끈기형 교사는 그들의 업무 실적과 신념을 인정받고 싶어 한다. 그들은 "잘하셨습니다. 좋은 생각이군요"와 같은 말을 들을 필요가 있다. 끈기형에게는 다른 사람들에게 존경받고 자신의 의견을 남들이 경청해 주는 것이 무척 중요하다. 그들은 학교의 여러 위원회, 특히 윤리위원회, 교과위원회 등에서 일함으로써 이러한 욕구를 충족시킬 수 있다. 표 11.3은 끈기형 교사들이 일과 신념에 대해서 인정받고자 하는 욕구를 충족하기 위해 할 수 있는 일들을 제안한다.

표 11.3_끈기형 교사에게 도움이 되는 실천계획

욕구_ 신념과 성취에 대해 인정받고 싶어 한다.
끈기형은 자신의 신념, 가치관에 맞는 삶을 사는 것이 매우 중요하다. 언제든 자신의 영향력을 행사해서 다른 사람들이 성장하도록 도와주고 방향을 잡아 줄 수 있기를 원한다. 끈기형은 자신이 가진 정직성, 책임감과 신뢰에 대해 공유하는 사람들과 함께 지낼 필요가 있다. 끈기형은 다음과 같은 방법으로 욕구를 충족시킬 수 있다.

직장에서
- 자신의 시간과 에너지를 어떻게 투자하는 것이 좋을지 매일매일 우선순위를 정한다
- 할 일의 목록을 살피기 전에 이미 성취한 일의 가치를 스스로에게 확인시킨다
- 수업 준비를 꼼꼼하게 한다
- 헌신적인 봉사를 한 자신에게 상을 준다
- 존경하는 사람과 함께 찍은 사진이나 상장을 걸어 둔다
- 자신이 정해 놓은 목표에 일관성이 있는지 검토한다
- 다른 사람과 일을 나눠서 하며 그들이 주는 긍정적인 피드백을 즐긴다
- 시민단체활동을 한다
- 교과과정, 교수법의 개선을 위한 아이디어를 제안한다
- 자선활동을 조직하거나 기존 조직에 참여한다
- 지역사회 단체에서 교육적 주제로 발표한다

- 학생의 성취도를 향상시키기 위한 활동에 참여한다
- 바람직한 교육에 관한 논문을 쓴다
- 각종 학과목과 관련된 과외활동 모임을 지원한다
- 지역교사회의 운영위원으로 봉사한다

사생활에서

- 자신에게 성공과 성취가 얼마나 중요한지 가족과 친구들에게 이야기한다
- 가족과 친구들에게 칭찬해 주고 존중해 줄 것을 부탁한다
- 자신이 좋아하는 표어를 만들어서 책상에 붙여 놓는다
- 중요한 단상이 떠오르면 기록해 놓는다
- 정치 캠페인에 참여한다
- 자신의 가치관을 학생들에게 가르치고 모범을 보인다
- 가치 있는 명분에 시간과 돈을 투자한다
- 지역사회 활동에 참여한다
- 중요한 주제에 대한 글을 써서 언론사에 기고한다
- 보이스카우트, 걸스카우트 같은 조직을 지도한다

지금까지 우리는 사람이 처해 있는 단계에 따라 현재의 동기가 결정된다는 이야기를 했고 1장에서는 단계의 변화가 어떻게 개인의 관심사와 인생행로를 변화시킬 수 있는지 설명했다. 통상적인 스트레스 상황에서의 행동은 그 사람의 현재 단계에 해당되는 스트레스 성향을 따라 나타나지만 심한 스트레스 상황에서는 기본 성격유형에 해당되는 스트레스 성향을 보이게 된다. 다음에 소개하는 이야기는 현재 단계와 기본 성격유형의 스트레스 행동을 모두 보여 주는 예가 된다.

몽상형 단계에 있는 일중독형 교사의 이야기

미셸은 몽상형 단계에 있는 일중독형 교사다. 그녀는 통상적인 스트레스를 받을 때는 몽상형 단계에 해당되는 행동을 보이지만 극심한 스트레스 상황에서는 자신의 기본 성격인 일중독형의 스트레스 성향을 보인다. 기본 성격유형이 일중독형인 미셸은 일을 잘한다고 인정받는 것과 잘 짜인 시간표에 따르는 것을 중요하게 여긴다. 또 몽상형 단계에 있는 사람으로서 매일 자신만의 시간을 갖고 싶은 욕구도 있다. 그녀는 이러한 욕구가 충족되지 못할 때 스트레스를 받는다.

• • •

나는 내 일을 좋아하며 유능한 고등학교 사회 교사로 정평이 나 있다. 내 학력은 훌륭하다. 그리고 내가 가르치는 과목에 대해서도 잘 알고 있다. 또 학생들이 즐겁게 배울 수 있도록 기발한 교수법도 생각해 낸다. 하지만 지나친 소음은 견디기가 힘들다. 그럴 때면 참을 수 있을 때까지 참다가 그냥 자신을 닫아 버린다. 어제도 아이들이 떠드는 소리가 너무 커서 도저히 참을 수가 없었다. 수업시간이 10분 정도 남아 있었지만 나는 아이들에게 그냥 수업을 끝내겠다고 말했다. 나머지 시간은 스스로 공부하라고 지시한 후 책상에 앉아서 서류를 뒤적이기 시작했다. 하지만 이런 것이 좋은 교사의 행동이 아니라는 생각 때문에 아무 일도 할 수 없었다. 그렇지만 더 가르칠 수는 없었다.

지난주 뮤지컬 연습 때도 비슷한 일이 있었다. 나는 뮤지컬 반주를 맡았다. 리허설 도중에 휴식시간이 있었는데 아이들은 웃고 떠들고 돌아다니고 연주를 맡은 몇몇 학생들은 다른 곡을 연주했다. 그 정도는 참을 수 있었다. 그때 감독이 스태프 한 명에게 청소기를 돌리라고 지시했다. 청소기의 소음은 내 인내심의 한계를 건드렸다. 이 모든 소음에다 청소기 소리까지 더해지니 참을 수가 없었다. 나는 소음을 무시하려고 애썼지만 힘들었다. 갑자기 나는 아무 생각도 할 수 없어서 소음을 피하기 위해 무대를 떠나 혼자 밖에 있었다. 사람들이 다시 연습을 시작할 준비가 되었을 때에야 비로소 자신을 추스르고 참여할 수 있었다.

어떤 날은 스트레스를 받을 때 보통 때와 아주 다르게 행동하기도 한다. 대체로 학생이 어리석은 행동을 할 때 그렇다. 지난달에 나는 시험 준비를 시키느라 전날 숙제로 내준 문제지를 가지고 아이들과 함께 풀고 있었다. 수업이 반쯤 진행되었을 때 나는 아무것도 하고 있지 않은 학생을 지목했다. 그 학생은 전날 결석해서 문제지를 못 받았다고 대답했다. 수업이 시작할 때 문제지가 없다고 이야기했으면 내가 주었을 텐데 수업시간 내내 아무것도 하지 않고 그냥 앉아 있었던 것이다! 나는 그 학생에게 줄 문제지를 가지러 가는 동안에도 여전히 화가 나 있었다. 교무실로 들어가니 조교가 하라는 일은 하지 않고 남자친구와 잡담을 하고 있었다. 나는 더욱 화가 나서 조교에게 화풀이를 했고 뜻하지 않게 남자친구 앞에서 창피를 주게 되었다. 다시 교실로 돌아왔을 때는 그 일이 신경 쓰여서 남은 수업시간 동안 생각을 제대로 할 수 없었다.

• • •

몽상형, 일중독형 교사의 스트레스 행동과 해소방법

몽상형 교사가 스트레스를 받으면 초기에는 학생들의 욕구를 돌보지 못한다. 스트레스가 더 심해지면 완전히 자신을 닫아걸고 누군가 다른 사람이 방향을 잡아 줄 것을 기다리게 된다. 몽상형 교사는 스트레스에 압도당하면 우울해지며 자신이 무능하다고 느낀다. 또 아무도 자신에게 어떤 것을 하라고 말해 주지 않기 때문에 무기력감을 느낀다.

미셸이 스트레스를 받았던 상황을 들여다보자. 수업을 중단하고 책상 앞에 앉아 있거나 리허설을 하다가 밖으로 나갔을 때 그녀는 소음에 압도되어 있었다. 그녀는 몽상형 단계에서 나타나는 고독의 욕구를 충족시키느라 자기 안으로 움츠러들었던 것이다. 이러한 행동은 미셸과 동료들로 하여금 욕구를 충족시킬 수 있도록 조치를 취해야 함을 알려 주는 신호가 된다. 1장에서 우리는 몽상형에게 자신만의 시간과 공간을 갖고 싶은 욕구가 있음을 살펴보았다. 그들은 매일 혼자만의 시간을 필요로 한다. 표 11.4는 몽상형 교사들이 고독에 대한 욕구를 충족시킬 수 있는 방법들을 보여 준다.

미셸은 몽상형 단계에 있기는 하지만 기본 성격유형은 일중독형이므로 때에 따라서는 일중독형의 스트레스 행동이 표출되기도 한다. 일중독형 교사는 스트레스 초기에 지나치게 비판적인 행동을 하게 된다. 작은 표현이면 충분할 상황에서 과하게 표현하고 스트레스가 더 심해지면 지나치게 통제하려고 든다. 미셸이 학생이 어리석은 행동을 했다고 생각했던 경우처럼 사고력과 관련된 문제로 학생을 비난할 수도 있다. 일중독형 교사가 심한 스트레스를 받으면 우울해지고 동료나 학생들이 구제불능이며 제대로 생각할 능력이 없다고 그들을 거부할지도 모른다. 이런 행동이 나타나면 미셸은 자신의 일중독형 욕구를 충족시켜야 할 시점에 이르렀음을 알아야 한다. 일중독형은 일로 인정받을 필요가 있으며 시간을 치밀하게 구성하고 싶어 한다. 그들은 "잘하셨습니다", "훌륭한 아이디어입니다", "아주 잘 되었군요" 같은 말을 듣고 싶어 한다. 또 사물이나 사태가 잘 구성되고 제시간에 진행되기를 원한다. 표 11.5는 일중독형 교사가 욕구를 충족시킬 수 있는 여러 가지 방법들을 보여 준다.

표 11.4_몽상형 교사에게 도움이 되는 실천계획

욕구_ 혼자 있고 싶어 한다.

사람들, 소음 또는 외부의 요구에 방해받지 않고 혼자 있을 수 있는 장소에서 시간을 보내야 한다. 몽상형은 고독의 욕구를 충족시켰을 때 기분이 좋아지고 생산적으로 일할 수 있으며 자신의 삶과 목표를 성찰할 수 있게 된다. 몽상형은 다음과 같은 방법으로 욕구를 충족시킬 수 있다.

직장에서

- 매일 1분 정도 혼자 있을 수 있는 시간을 서너 차례 갖는다, 절대로 방해받지 않도록 하며 할 일에 대해서도 생각하지 않는다, 그냥 편하게 쉬면서 마음이 자유롭게 흘러가도록 놓아둔다
- 때때로 점심을 싸 와서 혼자 먹는다, 혼자 있는 시간을 즐긴다
- 매일 일을 시작할 때와 마칠 때 몇 분간 혼자 있는 시간을 갖는다
- 일을 할 때 혼자 작업할 수 있는 조용한 자리를 찾아간다
- 좋은 책이나 잡지, 기타 간행물을 읽을 시간을 따로 낸다
- 방해받지 않고 혼자 일할 수 있는 시간을 정해 놓는다

사생활에서

- 아침이나 저녁에 혼자 산책을 한다
- 혼자 정원을 가꾼다

- 혼자 영화를 보러 간다
- 우표 수집, 동전 수집, 조류 관찰처럼 혼자 할 수 있는 취미를 개발한다
- 명상할 수 있는 시간을 정한다
- 관심 있는 주제에 관한 책을 읽는다
- 시를 쓰거나 그림을 그리는 등 상상력에 도움이 되는 창작활동을 한다

표 11.5_일중독형 교사에게 도움이 되는 실천계획

욕구_ 자신이 한 일에 대해 인정받고 시간을 짜임새 있게 활용하고 싶어 한다. 일중독형은 업무를 수행하는 자신의 능력에 자부심을 가지며 목표에 도달하기 위해서 열심히 일하려는 의지가 있다. 일중독형은 독자적으로 일하는 것을 선호하지만 가치 있다고 여기는 일을 하기 위해서라면 팀으로도 일할 수 있다. 일중독형에게는 성취가 중요하며 자기 자신뿐만 아니라 다른 사람이 자신의 업적을 인정해 주는 것도 필요하다. 일중독형은 다음과 같은 방법으로 욕구를 충족시킬 수 있다.

직장에서
- 단기, 중기, 장기계획을 세우고 진행상황을 정기적으로 점검한다
- 매일 일정 시간을 할애해서 해야 할 일의 우선순위를 정하고 가장 중요한 일에 집중한다
- 매일 다음날의 목표를 세우기 전에 당신이 성취한 것의 가치를 인정한다
- 해야 할 일의 목록을 만들고 한 가지씩 완료할 때마다 지워 나간다
- 과제와 마감일을 적은 교과 요강을 작성한다
- 자신의 성취를 스스로 보상해 준다
- 자격증, 상패, 상 등을 받아서 전시한다
- 자신의 아이디어를 다른 사람과 나눈다
- 정리용 수첩을 사서 활용한다
- 자신이 할애할 수 있는 시간 이상 소요되는 프로젝트를 맡지 않도록 한다
- 자신이 할 수 있는 일과 할 수 없는 일에 대해서 솔직하고 직선적으로 표현한다
- 출근, 회의, 수업시간에 늦지 않도록 여유 있게 시간을 잡는다
- 시계를 차고 다니며 또 중요한 장소마다 시계를 놓아둔다

- 중요한 일과가 무엇인지 파악해서 철저히 지킨다
- 가족, 친구들에게 자신은 시간을 효율적으로 운영하고 싶다고 설명하고 협조를 구한다
- 매일 유쾌하게 낭비해 버릴 수 있는 시간을 정한다
- 가족, 친구들과 지내는 시간을 정해 놓고 무엇을 할지 계획한다
- 기상시간, 취침시간을 현실적으로 정해서 충분한 휴식을 취할 수 있도록 한다
- 가족에게 당신의 성취에 대해서 이야기한다
- 일기를 쓴다
- "나는 완벽하지는 않지만 충분히 훌륭하다", "나는 내 목표에 도달할 수 있고 도달할 것이다"와 같은 긍정적인 자기암시를 한다
- 테니스 등 성취를 만끽할 수 있는 운동을 배운다
- 작문, 그림 그리기 등 결과를 즉시 볼 수 있는 취미를 가진다

반응형 단계에 있는 반항형 교사의 이야기

애니는 특수교육 교사이며 행정 조정가다. 반응형 단계에 있는 그녀의 가장 중요한 욕구는 인간으로서 인정받고 싶다는 것이다. 그녀가 통상적인 스트레스를 받을 때는 반응형 단계의 스트레스 성향을 보일 것이다. 그것은 폴라의 이야기를 다룰 때 이미 논의되었다. 애니의 기본 성격 유형인 반항형의 욕구는 재미를 맛보는 것이다. 그녀가 심한 스트레스를 받게 되면 다른 사람들에게 자신을 위해서 일해 줄 것을 강요할 수 있다. 그리고 그들이 무엇을 해야 하는지 적절한 지시를 해 주지 못할 수도 있다. 그러면서 일이 잘못되었을 때는 다른 사람들 탓을 하기도 한다.

나는 12년째 특수교사로 일하고 있으며 현재는 우리 학교에서 진행되는 모든 특수교육 프로그램을 주관하고 있다. 나는 장애를 가진 아이들에게 깊은 관심을 가지고 있으며 그들을 돕고 싶기 때문에 이 분야로 들어섰다. 내가 가르치는 학생들은 나를 좋아하며 나는 다른 교사들과도 잘 지낸다. 나는 매우 창의적이며 학생들이 잘 배울 수 있도록 수업시간에 재미있는 활동을 많이 한다.

아이들은 나에게 그다지 스트레스를 주지 않지만 동료 교사들, 아이들을 잘 돌보지 않는다고 나를 비난하는 부모들, 관료적인 결정을 내리는 교육 행정가들 같은 성인들은 나를 무척 화나게 할 때가 있다. 스트레스 초기에는 다른 사람들에게 대신 일해 달라고 요구한다. 보고서 준비나 서류 정리 같은 일을 다른 사람에게 넘겨 버리기도 한다. 아예 손을 대지 않을 때도 있다.

나는 또 냉소적인 발언을 하기도 한다. 교무회의에서 누군가가 "선생님은 제게 그것을 하라고 상기시켜 주지 않았습니다"라고 말하면 나는 "아, 선생님은 제게 상기시켜 달라고 말씀하시지 않았는데요"라며 대꾸할지도 모른다. 부모가 찾아와서 내게 공격적인 말을 하면 처음에는 방어적인 태도를 취하지만 계속 공격하면 나는 잘못을 그들에게 돌리는 발언을 한다. 지난주에는 한 아버지가 찾아와서 내가 자신의 아이에게는 관심이 없는 사람이며 서류를 처리하고 관료 체제에 이로운 일만 한다고 비난했다. 내가 가장 자부심을 갖고 있는 두 가지는 내가 맡은 아이들을 진심으로 염려한다는 것과 관료가 되지 않으려고 애쓴다는 것이다. 나는 그 아버지에게 고함을 지르면서 당신은 자신이 무슨 말을 하고 있는지 모른다고, 나에 대해서 그런 말을 하다니 당신은 나를 전혀 알지 못한다고, 입을 다무는 게 좋을 거라고 말해 주었다.

그러자 상황이 더 악화되기 전에 좀 더 냉정한 사람들이 개입했다.

나는 상사가 내게 관료적인 결정을 강요할 때 가장 화가 난다. 지난달에 나는 우리 학교로 전학 올 예정인 발달장애아를 위한 프로그램을 만들었다. 그 학생의 부모도 이것이 그 아이에게 가장 좋은 프로그램이라고 동의했다. 전학 오기 전 학교에 있던 교사들도 내가 제안한 프로그램에 동의했으며 게다가 이 프로그램은 최소한의 비용으로 실행할 수 있었다. 하지만 우리 교육구에서는 전례 없는 획기적인 것이었기 때문인지 교장과 감독 교사가 그 프로그램을 시행해서는 안 되는 이유를 줄줄이 댔다. 가장 중요한 이유는 그 프로그램이 우리 교육구에 선례를 남기게 될 것이라는 점이었다. 나는 이것이 그 학생을 위한 최선의 프로그램이며 그 학생에게만 영향을 줄 것이라고 대답했지만 그들은 물러서지 않았다. 마침내 나는 말했다. "당신들만 아니면 나는 이 아이의 필요를 충족시켜 줄 수 있는 우수한 프로그램을 제공할 수 있습니다. 그만 집으로 가겠습니다." 나는 문을 박차고 나가면서 교장에게 다음 날부터 출근하지 않겠다고 말했다. 나는 심한 스트레스를 받아서 제대로 생각할 수가 없었다. 다음날은 집에 머물면서 하루 종일 독서를 했다.

때때로 나는 교실에서도 스트레스를 받는다. 대부분 학생들을 통제할 수 없을 때 그렇다. 그런 상황에서는 화가 나고 아이들이 웃을 만한 엉뚱한 행동을 한다. 아이들이 웃기 시작하면 나도 따라 웃는다. 나는 일단 웃으면 스트레스에서 벗어날 수 있고 학생들을 다시 통제할 수 있게 된다. 내가 교실에서 이상한 행동을 할 때마다 아이들이 부모에게 이야기할까 봐 걱정이 되기도 하지만 교장이 한 번도 그런 문제에 대해 이야기한 적이 없는 것으로 보아 아마 아이들이 말을 전하지는 않는 모양이다. 학생들은 내 교수법이 특이하다는 사실, 그리고 내가 인간적이며 아이들을 중요하게 여기고 있다는 사실을 안다. 그리고 대부분의 학생들은 내가 가르치는 방식을 좋아한다.

• • •

반항형 교사의 스트레스 행동과 해소방법

애니는 반응형 단계에 있는 반항형 교사다. 그녀는 스트레스 초기에 반응형에게서 나타나는 스트레스 행동을 할 것이다. 누군가에게 비난받았을 때 애니의 최초 반응은 그 말에 상처받고 방어적인 태도를 취하는 것이다. 그러다가 심한 스트레스를 받게 되면 반항형이 보이는 스트레스 행동을 할 것이다. 반항형은 스트레스 초기에 모든 일을 장악하려고 애쓰지만 효과를 거두지는 못한다. 학생들이 과제를 할 수 있도록 적절하게 지시해 주지 못하며 일을 잘 맡기지 못한다. 또 다른 사람들이 서류를 정리하거나 문서를 작성하는 것처럼 따분한 일을 해 주기를 바라기 때문에 주위 사람들이 일을 더 많이 하게 만들기도 한다. 그들의 스트레스가 심해지고 사태가 엉망이 되면 그들은 사물, 상황, 동료 또는 학생들에게로 책임을 떠넘긴다. 그들은 "네, 그렇지만……", "당신만 아니었다면……" 또는 "당신이 내게 무슨 일을 시켰는지 한번 보세요" 같은 말을 할지도 모른다. 애니는 학생에게 최선의 프로그램을 제공하지 못하게 된 사태에 대해서 교장과 감독 교사를 탓했다. 반항형 교사들은 스트레스에 완전히 압도되면 우울해지고 규칙을 무시하거나 잘못된 교수법을 구사하거나 복수하겠다는 태도를 취하기 때문에 제재를 받기도 한다. 애니가 뛰어난 교사가 아니었다면 교장과 감독 교사는 호전적인 태도와 무단결근 때문에 그녀를 징계할 수도 있었을 것이다.

이러한 행동들은 애니에게 자신의 반항형 욕구가 충족되지 못했다는 사실을 인식시켜 줄 수 있을 것이다. 우리가 1장에서 살펴보았듯이 반항형은 즐거움에 대한 욕구를 갖고 있다. 그들은 또 요란한 음악, 밝은 색깔, 기계로 작동하는 장난감처럼 활기를 줄 수 있는 요소들을 필요로 한다. 표 11.6은 반항형 교사가 긍정적으로 욕구를 충족시킬 수 있는 여러 가지 방법들을 보여 준다.

표 11.6_반항형 교사에게 도움이 되는 실천계획

욕구_ 재미있게 교제하고 싶어 한다.

반항형은 자극을 받아야 생기가 돈다. 정해진 일과와 단순함을 싫어하기 때문에 여기저기 돌아다니고 다양한 사람들과 만나고 싶은 욕구를 느낀다. 또 커다란 음악 소리, 밝은 색깔, 기계적으로 움직이는 기구가 있는 환경을 필요로 한다. 반항형은 재미있고 함께 있으면 활기를 주는 사람들을 좋아한다. 또 여러 가지 자극을 통해서 흥분을 지속시킬 수 있을 때 일을 가장 잘한다. 반항형은 다음과 같은 방법으로 욕구를 충족시킬 수 있다.

직장에서
- 교실이나 교무실을 밝은 조명, 밝은 색깔, 대담한 포스터로 장식한다
- 가끔 수업시간에 음악을 틀어 놓는다
- 쉬는 시간과 점심시간에 다른 사람들을 만난다
- 하루에 몇 차례 휴식시간을 만들어 간단한 운동과 스트레칭을 한다
- 자신이 속한 분야의 다른 교육자들과 학회에 참석한다
- 선을 벗어나지 않으면서도 창의적으로 가르칠 수 있는 방법을 연구한다

사생활에서
- 파티, 큰 쇼핑몰이나 놀이공원에 간다
- 혼자서도 운동하고 운동 팀에도 합류한다
- 지역사회의 극단에 가입해서 연극이나 뮤지컬 공연을 한다
- 악기를 배워서 밴드나 합창단에 합류한다

- 만화나 그림을 그린다
- 웹 페이지를 디자인하거나 컴퓨터 게임을 한다

선동형 단계에 있는 끈기형 교사의 이야기

도날드는 실업학교에서 체육을 가르친다. 그는 선동형 단계에 있는 끈기형 교사다. 그는 통상적인 스트레스를 받을 때는 선동형 단계에서 볼 수 있는 행동을 한다. 그러다가 심한 스트레스를 받으면 자신의 기본 성격인 끈기형에서 나타나는 스트레스 행동을 하게 된다. 우리는 프랭크의 이야기에서 끈기형 성격의 스트레스 행동을 살펴보았다. 이 이야기에서는 선동형의 스트레스 행동에 집중하겠다.

• • •

나는 나 자신이 훌륭한 체육 교사라고 생각한다. 나는 내가 가르치는 내용을 잘 알고 있으며 수업을 활동적으로 이끌어 갈 수 있다. 대부분의 학생들은 내 수업을 좋아한다. 나는 실업학교에 다니는 학생들을 어떻게 다루어야 하는지 잘 안다. 실업학교 학생들은 대부분 주의집중 시간이 짧고 몸을 사용해서 활동하는 것을 좋아한다. 나는 순환 프로그램이라는 것을 만들었는데 이 프로그램은 학생들이 활동을 자주 바꾸고 자신의 점수를 기록하기 때문에 보다 나아지도록 스스로를 채찍질할 수 있어서 흥미를 유지해 줄 수 있다.

자동차 프로그램을 가르치는 한 교사가 학생들과 문제를 겪고 있었는데 공교롭게도 그 학생들이 내 수업시간에는 아주 바람직하게 행동하고 있었다. 그는 내가 학생들에게 적용하는 프로그램을 알고 싶어 했다. 나는 내가 개발해 낸 교수법이 무척 자랑스러웠기 때문에 그 교수법을 그의 수업에 적용할 수 있도록 도와주었다. 그런데 나중에 그가 교장에게 그 교수법을 이야기하면서 자신을 몹시 추켜세웠다는 이야기를 전해 듣게 되었다. 아마 그는 그것이 내 아이디어라고 말하지 않았던 모양이다. 나는 내 교수법을 자기 것인 양 말한 그를 원망하기 시작했다. 그래서 그에게 더 이상 내 자료들을 보여 주지도 않았고 그의 이메일도 무시했다. 그가 아직도 내 도움이 필요하다고 말했을 때 나는 그를 도와줄 시간이 없다고 퉁명스럽게 말했다. 나는 그가 내 공로를 가로채면서 이용하도록 그냥 두지는 않을 생각이다.

내가 어떤 것을 무척 원하는데 그걸 손에 넣을 수 없을 것 같으면 난 아주 공격적으로 행동한다. 절차를 무시하기도 한다. 때로는 상사를 거치지 않고 직접 교육감에게 가기도 했다. 불행히도 현재 내 상사들은 나를 믿지 않는다. 어떤 상사는 나를 싫어하기까지 한다. 지난달에 나는 프로젝트를 하나 승인받으려고 했지만 교장이 관심을 보이지 않았기 때문에 동료 교사들의 지원을 받기 위해 돌아다녔다. 어떤 교사는 그 프로젝트에 반대했기 때문에 나는 다른 교사들에게 그 교사의 흉을 봤다. 그렇게 해서 몇몇 교사들에게 지원을 받을 수 있었다. 교장은 아직도 설득되지 않았기 때문에 나는 중앙교육청으로 직접 가서 교육감과 면담을 했다. 내 말은 아주 설득력 있었고 교육감은 내 프로젝트를 승인해 주었다. 내가 무슨 일을 했는지 알게 되었을 때 교장은 무척 화를 냈지만 나는 별로 개의치 않았다. 원하는 것을 얻었기 때문이다. 뿐만 아니라 교장이 교육감에게 가서 나와 내 프로젝트에 대해 불평하더라도 교육감이 그의 말을 듣지 않도록 이미 조치해 놓았다. 교육감에게 교장의 흉을 보았던 것이다. 교장에게는 교육감이 교장에 대해서 나쁜 이야기를 하더라고 이야기했다. 곤경에 처했을 때는 나눠서 정복한다는 것이 내 좌우명이다.

● ● ●

선동형 교사의 스트레스 행동과 해소방법

도날드는 선동형 단계에 있는 끈기형 교사다. 우리는 끈기형 인간이 스트레스를 받을 때 어떤 행동을 하는지 이미 살펴보았다. 이 이야기는 선동형 교사들이 스트레스를 받으면 어떤 행동을 하는지 보여 준다. 선동형은 행동과 자극을 필요로 하는데 이러한 욕구가 긍정적으로 충족되지 못하면 그들은 몇 가지 예측할 만한 스트레스 행동을 보이게 된다. 스트레스 초기에는 학생들이나 동료 교사들에게 적절한 지원을 해 주지 못할 수도 있다. 선동형 교사는 상대방이 알아서 해결해 나갈 것을 기대한다. 스트레스가 심해지면 그들은 동료나 상사를 조종하여 부정적인 드라마를 연출한다. 그들이 스트레스에 압도당할 때는 학생들을 방치해 둔다. 선동형은 활동 지향적인 수업을 꾸려 나가거나 학생들에게 재미있는 활동을 하게 해 주면서 자신의 욕구를 충족시킬 수 있다. 표 11.7은 선동형 교사가 긍정적으로 욕구를 충족시킬 수 있는 여러 가지 방법들을 보여 준다.

표 11.7_선동형 교사에게 도움이 되는 실천계획

욕구 _ 사건과 자극을 필요로 한다.

선동형은 자극을 받음으로써 지루하고 짜증나는 상황을 피할 필요가 있다. 선동형은 도전, 위험, 경쟁 그리고 빠른 결과나 커다란 보상이 뒤따르는 단기 목표를 좋아한다. 그러므로 항상 적극적인 생활을 하도록 한다. 일상생활 또는 직장에서 스스로 도전을 설정하는 것이 효과적이다. 위험 부담이 있더라도 건강을 해치지는 않을 정도의 새로운 프로젝트를 시작함으로써 사건을 필요로 하는 자신의 욕구를 해결하도록 한다. 또 자극적이고 활동적인 사람들과 교제한다. 선동형은 다음과 같은 방법으로 욕구를 충족시킬 수 있다.

직장에서
- 자극이 되는 프로젝트에 참여한다
- 교과 내용을 효율적으로 전달할 수 있도록 보다 활동적인 방법을 찾는다
- 일을 더 잘할 수 있는 방법을 찾기 위해 사람들과 아이디어를 나눈다
- 상사나 동료에게 대담한 제안을 해 본다
- 일하는 시간이 덜 지루하도록 함께 즐길 수 있는 동료를 찾는다
- 활동적인 수업을 구성한다
- 신속하게 인정받거나 보상받을 수 있는 프로젝트에 참여한다

사생활에서
- 주식에 투자한다
- 경마장에 가 본다
- 가면파티를 열어 본다
- 에어로빅이나 태권도 강습을 받는다
- 모험 소설을 써 본다

요약

교사가 매일 또는 적어도 일주일에 몇 번씩이라도 자신의 욕구를 충족시켜 주는 것은 매우 중요하다. 끈기형과 일중독형 교사는 일로 칭찬을 들을 때, 반응형 교사는 자신의 존재를 인정받을 때 교실에서 보다 효율

적으로 가르칠 수 있는 에너지를 얻게 된다. 이런 상황에서는 각각의 학생 역시 자신의 잠재력을 최대한 발휘할 수 있는 가능성이 높아진다.

반대로 교사가 자신의 욕구를 제대로 충족시키지 못하면 스트레스를 받게 되고 자신의 능력을 발휘하지 못하게 되며 교사라는 직업에 불만을 느끼게 된다. 교사가 스트레스 행동을 보일 때는 고의로 그렇게 행동하는 것이 아니라 스트레스를 주는 상황에 반응하고 있는 것일 뿐이라는 사실을 모든 사람이 인식하는 게 중요하다. 이러한 행동은 변화시킬 수 있다. 진심 어린 칭찬을 해 주고 여섯 성격유형에 적합한 인정을 해 주면 그들을 압박하는 스트레스에서 효과적으로 구해 줄 수 있다. 교사들은 자신이 필요로 하는 것을 얻을 때 학생들이 성공적으로 학습할 수 있도록 도와줄 수 있는 힘이 생기게 된다.

즐거운 교실

지은이 | 주디스 폴리, 조세프 폴리, 다이안 브래들리
옮긴이 | 오혜경

1판 1쇄 펴냄 | 2006년 11월 1일

펴낸이 | 노미영
펴낸곳 | 마고북스

등록 | 2002. 1. 8 제 22-2083호
주소 | 서울시 서초구 서초동 1435-17 대흥빌딩 6층
전화 | 02-523-3123, 3107
팩스 | 02-523-3187
전자 우편 | magobooks@naver.com

ISBN 89-90496-30-6　03370
ⓒ 마고북스, 2006
값은 뒤표지에 있습니다.